書名：漢鏡齋堪輿小識
副題：心一堂術數珍本古籍叢刊　堪輿類・沈氏玄空遺真系列　三
作者：〔清〕孫竹田

主編、責任編輯：陳劍聰
心一堂術數珍本古籍叢刊編校小組：陳劍聰　素聞　梁松盛　鄒偉才　虛白盧主

出版：心一堂有限公司
出版社地址：香港九龍尖沙咀東麼地道六十三號好時中心LG　六十一
門市：香港九龍尖沙咀東麼地道六十三號好時中心LG　六十一
電話號碼：(852)2781-3722
傳真號碼：(852)2214-8777
網址：http://www.sunyata.cc
電郵：sunyatabook@gmail.com
心一堂術數珍本古籍叢刊網上論壇 http://bbs.sunyata.cc/

版次：二零一零年五月初版
平裝

港幣　　二百四十八元正
定價：人民幣　二百四十八元正
新台幣　九百九十元正

國際書號：ISBN 978-988-8058-62-4

香港及海外發行：利源書報社
地址：香港新界荃灣德士古道220-248號荃灣工業中心1609-1616室
電話號碼：(852)2381-8251
傳真號碼：(852)2397-1519

台灣發行：秀威資訊科技股份有限公司
地址：台灣台北市內湖區瑞光路七十六巷六十五號一樓
電話號碼：(886)2796-3638
傳真號碼：(886)2796-1377
網路書店：www.govbooks.com.tw
經銷：易可數位行銷股份有限公司
地址：新北市新店區中正路542之3號4樓
電話號碼：(886)82191500
傳真號碼：(886)82193383
網址：http://ecorebooks.pixnet.net/blog

中國大陸發行・零售：心一堂書店
深圳地址：中國深圳羅湖立新路六號東門博雅負一層零零八號
電話號碼：(86)0755-82224934
北京地址：中國北京東城區雍和宮大街四十號
心一堂網上書店：http://book.sunyata.cc

心一堂術數古籍珍本叢刊 總序

術數定義

術數，大概可謂以「推算、推演人(個人、群體、國家等)、事、物、自然現象、時間、空間方位等規律及氣數，並或通過種種『方術』，從而達致趨吉避凶或某種特定目的」之知識體系和方法。

術數類別

我國術數的內容類別，歷代不盡相同，例如《漢書・藝文志》中載，漢代術數有六類：天文、曆譜、無行、蓍龜、雜占、形法。至清代《四庫全書》，術數類則有：數學、占候、相宅相墓、占卜、命書、相書、陰陽五行、雜技術等，其他如《後漢書・方術部》、《藝文類聚・方術部》、《太平御覽・方術部》等，對於術數的分類，皆有差異。古代多把天文、曆譜、及部份數學均歸入術數類，而民間流行亦視傳統醫學作為術數的一環；此外，有些術數與宗教中的方術亦往往難以分開。現代學界則常將各種術數歸納為五大類別：命、卜、相、醫、山，通稱「五術」。

本叢刊在《四庫全書》的分類基礎上，將術數分為九大類別：占筮、星命、相術、堪輿、選擇、三式、讖緯、理數(陰陽五行)、雜術。而未收天文、曆譜、算術、宗教方術、醫學。

術數思想與發展——從術到學，乃至合道

我國術數是由上古的占星、卜蓍、形法等術發展下來的。其中卜蓍之術，是歷經夏商周三代而通過「龜卜、蓍筮」得出卜(卦)辭的一種預測(吉凶成敗)術，之後歸納並結集成書，此即現傳之《易經》。經過春秋戰國至秦漢之際，受到當時諸子百家的影響、儒家的推祟，遂有《易傳》等的出現，原本是卜蓍術書的《易經》，被提升及解讀成有包涵「天地之道(理)」之學。因此，《易・繫辭傳》曰：「易與天地準，故能彌綸天地之道。」

漢代以後，易學中的陰陽學說，與五行、九宮、干支、氣運、災變、律曆、卦氣、讖緯、天人感應說等相結合，形成易學中象數系統。而其他原與《易經》本來沒有關係的術數，如占星、形法、選擇，亦漸漸以易理（象數學說）為依歸。《四庫全書．易類小序》云：「術數之興，多在秦漢以後。要其旨，不出乎陰陽五行，生尅制化。實皆《易》之支派，傅以雜說耳。」至此，術數可謂已由「術」發展成「學」。

及至宋代，術數理論與理學中的河圖洛書、太極圖、邵雍先天之學及皇極經世等學說給合，通過術數以演繹理學中「天地中有一太極，萬物中各有一太極」（《朱子語類》）的思想。術數理論不單已發展至十分成熟，而且也從其學理中衍生一些新的方法或理論，如《梅花易數》、《河洛理數》等。

在傳統上，術數功能往往不止於僅僅作為趨吉避凶的方術，及「能彌綸天地之道」的學問，亦有其「修心養性」的功能，「與道合一」（修道）的內涵。《素問．上古天真論》：「上古之人，其知道者，法於陰陽，和於術數。」數之意義，不單是外在的算數、歷數、氣數，而是與理學中同等的「道」、「理」—心性的功能，北宋理氣家邵雍對此多有發揮：「聖人之心，是亦數也」、「萬化萬事生乎心」、「心為太極」。《觀物外篇》：「先天之學，心法也。……蓋天地萬物之理，盡在其中矣，心一而不分，則能應萬物。」反過來說，宋代的術數理論，受到當時理學、佛道及宋易影響，認為心性本質上是等同天地之太極。天地萬物氣數規律，能通過內觀自心而有所感知，即是內心也已具備有術數的推演及預測、感知能力；相傳是邵雍所創之《梅花易數》，便是在這樣的背景下誕生。

《易．文言傳》已有「積善之家，必有餘慶；積不善之家，必有餘殃」之說，至漢代流行的災變說及讖緯說，我國數千年來都認為天災，異常天象（自然現象），皆與一國或一地的施政者失德有關；下至家族、個人之盛衰，也都與一族一人之德行修養有關。因此，我國術數中除了吉凶盛衰理數之外，人心的德行修養，也是趨吉避凶的一個關鍵因素。

術數與宗教、修道

在這種思想之下，我國術數不單只是附屬於巫術或宗教行為的方術，又往往已是一種宗教的修煉手段—通過術數，以知陰陽，乃至合陰陽（道）。「其知道者，法於陰陽，和於術數。」例如，「奇門遁甲」術中，即分為「術奇門」與「法奇門」兩大類。「法奇門」中有大量道教中符籙、手印、存想、內煉的內容，是道教內丹外法的一種重要外法修煉體系。甚至在雷法一系的修煉上，亦大量應用了術數內容。此外，相術、堪輿術中也有修煉望氣色的方法；堪輿家除了選擇陰陽宅之吉凶外，也有道教中選擇適合修道環境（法、財、侶、地中的地）的方法，以至通過堪輿術觀察天地山川陰陽之氣，亦成為領悟陰陽金丹大道的一途。

易學體系以外的術數與的少數民族的術數

我國術數中，也有不用或不全用易理作為其理論依據的，如楊雄的《太玄》、司馬光的《潛虛》。也有一些占卜法、雜術不屬於《易經》系統，不過對後世影響較少而已。

外來宗教及少數民族中也有不少雖受漢文化影響（如陰陽、五行、二十八宿等學說）但仍自成系統的術數，如古代的西夏、突厥、吐魯番等占卜及星占術，藏族中有多種藏傳佛教占卜術、苯教占卜術、擇吉術、推命術、相術等；北方少數民族有薩滿教占卜術；不少少數民族如水族、白族、布朗族、佤族、彝族、苗族等，皆有占雞（卦）草卜、雞蛋卜等術，納西族的占星術、占卜術，彝族畢摩的推命術、占卜術……等等，都是屬於《易經》體系以外的術數。相對上，外國傳入的術數以及其理論，對我國術數影響更大。

曆法、推步術與外來術數的影響

我國的術數與曆法的關係非常緊密。早期的術數中，很多是利用星宿或星宿組合的位置（如某星在某州或某宮某度）付予某種吉凶意義，并據之以推演，例如歲星（木星）、月將（某月太陽所躔之宮次）等。不過，由於不同的古代曆法推步的誤差及歲差的問題，若干年後，其術數所用之星辰的位置，已與真實星辰的位置不一樣了；此如歲星（木星），早期的曆法及術數以十二年為一周期（以應地支），與木星真實周期十一點八六年，每幾十年便錯一宮。後來術家又設一「太歲」的假想星體來解決，是歲星運行的相反，週期亦剛好是十二年。而術數中的神煞，很多即是根據太歲的位置而定。又如六壬術中的「月將」，原是立春節氣後太陽躔娵訾之次而稱作「登明亥將」，至宋代，因歲差的關係，要到雨水節氣後太陽才躔娵訾之次，當時沈括提出了修正，但明清時六壬術中「月將」仍然沿用宋代沈括修正的起法沒有再修正。

由於以真實星象周期的推步術是非常繁複，而且古代星象推步術本身亦有不少誤差，大多數術數除依曆書保留了太陽（節氣）、太陰（月相）的簡單宮次計算外，漸漸形成根據干支、日月等的各自起例，以起出其他具有不同含義的眾多假想星象及神煞系統。唐宋以後，我國絕大部份術數都主要沿用這一系統，也出現了不少完全脫離真實星象的術數，如《子平術》、《紫微斗數》、《鐵版神數》等。後來就連一些利用真實星辰位置的術數，如《七政四餘術》及選擇法中的《天星選擇》，也已與假想星象及神煞混合而使用了。

隨着古代外國曆（推步）、術數的傳入，如唐代傳入的印度曆法及術數，元代傳入的回回曆等，其中我國占星術便吸收了印度占星術中羅睺星、計都星等而形成四餘星，又通過阿拉伯占星術而吸收了其中來自希臘、巴比倫占星術的黃道十二宮、四元素學說（地、水、火、風），並與我國傳統的二十八宿、五行說、神煞系統並存而形成《七政四餘術》。此外，一些術數中的北斗星名，不用我國傳統的星名：天樞、天璿、天璣、天權、玉衡、開陽、搖光，而是使用來自印度梵文所譯的：貪狼、巨門、祿存、文曲，廉貞、武曲、破軍等，此明顯是受到唐代從印度傳入的曆法及占星術所影響。如星命術的《紫微斗數》及堪輿術的《撼龍經》等文獻中，其星皆用印度譯名。及至清初《時憲曆》，置潤之法則改用西法「定氣」。清代以後的術數，又作過不少的調整。

術數在古代社會及外國的影響

術數在古代社會中一直扮演着一個非常重要的角色，影響層面不單只是某一階層、某一職業、某一年齡的人，而是上自帝王，下至普通百姓，從出生到死亡，不論是生活上的小事如洗髮、出行等，大事如建房、入伙、出兵等，從個人、家族以至國家，從天文、氣象、地理到人事、軍事，從民俗、學術到宗教，都離不開術數的應用。如古代政府的中欽天監（司天監），除了負責天文、曆法、輿地之外，亦精通其他如星占、選擇、堪輿等術數，除在皇室人員及朝庭中應用外，也定期頒行日書、修定術數，使民間對於天文、日曆用事吉凶及使用其他術數時，有所依從。

在古代，我國的漢族術數，甚至影響遍及西夏、突厥、吐蕃、阿拉伯、印度、東南亞諸國、朝鮮、日本、越南等地，其中朝鮮、日本、越南等國，一至到了民國時期，仍然沿用着我國的多種術數。

術數研究

術數在我國古代社會雖然影響深遠，「是傳統中國理念中的一門科學，從傳統的陰陽、五行、九宮、八卦、河圖、洛書等觀念作大自然的研究。……傳統中國的天文學、數學、煉丹術等，要到上世紀中葉始受世界學者肯定。可是，術數還未受到應得的注意。術數在傳統中國科技史、思想史，文化史、社會史，甚至軍事史都有一定的影響。……更進一步了解術數，我們將更能了解中國歷史的全貌。」（何丙郁《術數、天文與醫學 中國科技史的新視野》，香港城市大學中國文化中心。）

可是術數至今一直不受正統學界所重視，加上術家藏秘自珍，又揚言天機不可洩漏，「（術數）乃吾國科學與哲學融貫而成一種學說，數千年來傳衍嬗變，或隱或現，全賴一二有心人為之繼續維繫，賴以不絕，其中確有學術上研究之價值，非徒癡人說夢，荒誕不經之謂也。其所以至今不能在科學中成立一種地位者，實有數困。蓋古代士大夫階級目醫卜星相為九流之學，多恥道之；而發明諸大師又故為惝恍迷離之辭，以待後人探索；間有一二賢者有所發明，亦秘莫如深，既恐洩天地之秘，複恐譏為旁門左道，始終不肯公開研究，成立一有系統說明之書籍，貽之後世。故居今日而欲研究此種學術，實一極困難之事。」（民國徐樂吾《子平真詮評註》，方重審序）

現存的術數古籍，除極少數是唐、宋、元的版本外，絕大多數是明、清兩代的版本。其內容也主要是明、清兩代流行的術數，唐宋以前的術數及其書籍，大部份均已失傳，只能從史料記載、出土文獻、敦煌遺書中稍窺一麟半爪。

術數版本

坊間術數古籍版本，大多是晚清書坊之翻刻本及民國書賈之重排本，其中豕亥魚魯，或而任意增刪，往往文意全非，以至不能卒讀。現今不論是術數愛好者，還是民俗、史學、社會、文化、版本等學術研究者，要想得一常見術數書籍的善本、原版，已經非常困難，更遑論稿本、鈔本、孤本。在文獻不足及缺乏善本的情況下，要想對術數的源流、理法、及其影響，作全面深入的研究，幾不可能。

有見及此，本叢刊編校小組經多年努力及多方協助，在中國、韓國、日本等地區搜羅了一九四九年以前漢文為主的術數類善本、珍本、鈔本、孤本、稿本、批校本等千餘種，精選出其中最佳版本，以最新數碼技術清理、修復版面，更正明顯的錯訛，部份善本更以原色精印，務求更勝原本，以饗讀者。不過，限於編校小組的水平，版本選擇及考證、文字修正、提要內容等方面，恐有疏漏及舛誤之處，懇請方家不吝指正。

心一堂術數古籍珍本叢刊編校小組

二零零九年七月

《漢鏡齋堪輿小識》提要

《漢鏡齋堪輿小識》，原書上下二冊。民國查國珍撰。民國沈瓞民鑒定。民國二十五年（一九三六）再版。線裝。盧白廬藏本。

查國珍，字玉髯，又名玉瑩，號漢鏡齋主人。安徽婺源人，約生於清光　九年（一八八三）。查氏畢業於安徽優師，後一直在安徽省服務於教育界。業餘時間研究堪輿地理之道，著書立說。當地報章《婺源星江報》曾報載其事，稱查氏為「數理家」。著有《漢鏡齋堪輿小識》。

查氏受沈氏玄空代表人物沈竹礽、江莘農、沈瓞民等的影響，研究沈氏玄空之餘，主張破除傳統堪輿家守秘的陋習，希望廣弘此術以利益世人。鑽研及實驗多年後，五十歲時將沈氏玄空心得奧旨、原理、作法、應用、案例等，詳細說明，彙集本書《漢鏡齋堪輿小識》，方便學者入門，是沈氏玄空學派中比較完整的教科書。

本書不單單是把沈氏玄空學派中的主要著作，如《沈氏玄空學》等書的內容整理、承繼和闡釋，而且通過查氏的經驗及與沈瓞民先生等的交往中，書中內容對沈氏玄空學也有新見解。查氏對玄空理法、用法除有深入淺出文字或圖表說明外，部份更有精譬入微的闡釋：如論及「收山出煞」、「基宅定向中分金」、「先後天卦爻順逆排法」、「禍福驗期」、「陽宅向法」等，其中很多具體應用作法，於《沈氏玄空學》等書中書中均未細說。本書內容經過沈瓞民先生鑒定及修正，可以說是代表了當時沈氏玄空系統理法、作法、應用的代表作。

雖然民初以來，沈氏玄空學大盛，直到今天，仍是堪輿學的主流。可惜沈氏玄空的主要著作，如《沈氏玄空學》等，由於體例所限，側重於是對玄空原理及古訣的闡釋及破譯，於陽宅、陰宅、擇日等的具體作法、禍福驗期等并未有詳言。又因本書一直流傳不廣，致使後來宗沈氏玄空者雖宗沈氏玄空理法者，於具體操作及靈活運用多未得其法，如書中的「陽宅向法」、「就間用間中的用法」、「禍福驗期」等，均與今天時下流行的玄空作法不同，宗沈氏玄空之學者，應加注意。

原書後另附《查公靜波暨德配詹宜人像贊家傳行狀等合書冊》，內容係作者其先父母的家傳，與本書正文內容及堪輿無涉，今重刊未有收入。

本書坊間雖曾重印，不過內容多有刪減，且流傳不廣。為令此原版本及珍貴資料不致湮沒，特以最新數碼技術清理、修復版面精印，一以作玄空法訣資料保存，一以供同道中人參考研究。

漢鏡齋堪輿小識

江暐署耑

入世五十年自知吾老矣鬢髮星星白顏皮縐縐起齒豁而神衰敢與矍鑠比安命任自然委心泯譽毀不慕榮與利行吾素而已盛德讓古人俗情非吾喜四十九年非今亦何嘗是是非不必論求吾心安耳十四喪嚴父三一失慈妣今為塋親故堪輿研易理豈得曰迷信所以慎終爾從此優游哉可以止則止

壬申夏四月玉瑩五十自述

題查玉髯居士堪輿小識

因地發福因宅發福是因中之果非因中之因若因中之因則當以歸依三寶修持五戒敦倫盡分閑邪存誠諸惡莫作衆善奉行喫素念佛廣化有情為無上之心地永安之仁宅也否則吉地凶地吉宅凶宅天之所

以福善而禍淫者豈能盜取而強避之哉願讀查君此書者更請得上海膠州路佛學書局安士全書龍舒淨土文印光法師嘉言錄敬讀而修行之則識善於造因者也因圓則果滿事有必至理有固然夫何疑乎乙亥仲冬江謙敬識

每治易讀張蟠易注序曰竊謂以孟樸為昧治論語何晏集解子罕篇毋我曰述古而不自作處

羣萃而不同異此篇正合
其旨足爲學者典型
蔣翁生書得之

杭縣沈祖緜題

吳縣王聞喜書

漢鏡齋堪輿小識序

堪輿之學巒頭理氣二者不可偏廢巒頭有形可見古今巒頭書籍不少名言理氣無迹可循古今理氣書籍實多僞訣理氣之學雖有三合雙山淨陰淨陽小玄空遊年翻卦種種之不同大都附會穿鑿無理可憑而蔣氏地理辨正乃玄空哲學闡發河洛奧義實爲理氣正宗議論精審其秘訣引而不發非得心傳口授領悟爲難是以習玄空理氣者代乏其人迨無錫章仲山先生地理辨正直解溫明遠先生地理辨正續解先後付梓其玄空秘訣漸明於世然猶未盡情披露也近者旌德江苹農太史新編沈氏玄空學出現如羅經挨星替卦城門訣令星入囚生成合十七星打刼三般卦旺山旺向四十八局諸訣及上山下水反伏吟兼向差錯出卦之病均發前人所未發爲堪輿理氣之最精審最應驗專書先讀沈書再讀地理辨正即可迎刃而解矣乙亥夏婺源查君玉髯以自著漢鏡齋堪輿小識初稿寄贈並索序言余與查君十年前同服務於休寧萬安街安徽省立第二師範學校獲得江太史所

編沈氏玄空學任務餘閒與查君共同研究查君素精斯學凡遇疑義相與解析再離寒暑粗識徑途今讀查君大著竟能會萃古今玄空哲學諸書剔除糟粕抉擇真詮逐節闡明意賅言簡並增實例以爲引證俾有志斯學者得易融會貫通即江湖術士人手一編縱不能盡探河洛精微而相宅安坟已得趨吉避凶眞訣造福社會亦非淺鮮他如陽宅看法就間論間男女命宮玄空兼向用替卦十六局出卦兼向山水錯雜兼向諸局天星選擇日月合朔及對望諸法爲沈氏玄空學所未收入者而此書悉爲羅列其完密且勝於沈書矣則查君此書謂爲集玄空哲學之大成也可謂爲玄空哲學之結晶品也亦可小識云乎哉

民國二十五年五月績溪周芷沅謹序

漢鏡齋堪輿小識序

方振民先生以同邑查君玉髯所著漢鏡齋堪輿小識一册見示、弁致查君之意、以彥雍好泛涉、於堪輿家言、曾畧省覽、屬為引申其趣、按地理之學、近自錢塘沈竹礽先生名著玄空學、發其秘奧、楊曾真傳、將以復顯、查君更補所未備、圖例以明之、俾學者易入門、詳晰精當、殆無餘蘊、淺陋如余、何庸妄贊一詞、然查君之虛懷若谷、有未可辜、而是書之闡揚妙理、造福人羣、亦私衷所樂為介紹於好學深思之士者也、夫盛衰迭嬗、禍福自求、原事理之明徵、尤聖哲所垂訓、若拘泥吉凶、計量隆替、迹既近於貪癡、事或致乎延誤、斯不獨邇來新進後生、斥為迷信、亦舊之碩學魁儒、所不屑措意者也、抑知命相堪輿、一切術數之學、均含極賾深之哲理、應於事也、無不有顯著之證驗、不然、則操術之夫、精而非術之不足信也、但業是者、雖有諳其法、實昧於其理、罕能為之說明、故人之信否、各本其經驗、以衡之、偶符也、互駁為神秘、或舛也、羣起而譁之、是於術數之本身價值、無幾微增損也、中國之哲理書、莫適於易易不云乎、吉凶悔吝生乎動、循是可知無論任何一動之微、舉能爲未來之基、古昔觀人之法、一舉手一投足之容止、斷其畢生之事業見於史者、班班可考、是未來之吉凶悔吝、原則生於現時之動、則由現時之動、以求未來之吉凶悔吝、蓋等於算學之原得數推演、物理之因果律變化、不過形質隱顯之殊、藝術精粗之異而已、聶雲台氏謂命理之斷驗、乃科學所有事、而無當於玄理、實爲名言、其他術數之書、亦當如是觀、顯何以現時一動、即生未來繁複之吉凶悔吝、此幽微玄理之所寓、不獨非術者所知、古聖賢之宣示、亦秘而未彰、安怪武斷者遽詆爲迷信也、夫空間時間、原自衆生見相二分之幻覺、無係於事物之實體、故大小相入、延促同時、華嚴無礙之門、僧肇不遷之論、一即一切、一切即一、因賅果海、果徹因源、猶電影之片、原屬全部、而先後演映之者、還在當人、所謂現在過去未來、本非實境、納十方於毛孔、等三世於刹那、衆生與佛、性德無殊、楞嚴經言、如來常說諸法所生、唯心所現、一切因果世界微塵、因心成體、又云、一切世間根塵因處界等、皆如來藏清淨本然、故有一念成佛之義、事業之艱巨、孰過成佛、而卽在至微暫起一念之動中、況塵俗瑣屑之得失詎能外此、是現時之動、與未來之吉凶悔吝原非二體、謂之曰生者、猶文字方便、曲爲衆生說法耳、理事所當然、何足詫耶、由是以觀、偶然之動、自應有吉凶悔吝之可見、而五行八卦干支等、其用亦如計算測量之代數方程例式、自然界各種質力相互隱顯之表記、因硏究之便、不妨以爲多般特殊象徵之詮釋、其質數並非固定之一物、消息盈虛、萬殊其狀、大本實出一原、方位運氣、亦吾心善惡業緣之流注、豈有他哉、故一切術數、足以判斷未來、決非迷信、較然可知、況陽居人生所庇、陰宅本源所自、養生送死、世緣最大之事、方位吉凶、時日良否、能有甚深影響、苟屬智者、奚待煩言、又其審愼於初基而繇澤於久遠、較之命相占卜、僅憑已然以推斷、無與於創造者、尤爲綦要、至就堪輿理氣言之、異說爭鳴、諸家襍出、偏駁不純、繁瑣逾甚、互相詰辨、莫之適從、初學入門、有目眯五色之感、然至道不難、觀乎揀擇、沈氏玄空之學、其妙悟由後天卦洛書一二者、致用之大道、亦卽爲後世陽宅應用極驗之紫白、簡明精當、有本有原、將舊日拘牽無理之相傳謬說、掃而空之、查君洛書神秘妙在二八易位一章、深足發明厥旨、其他圖解、均極允當、則斯道誠宜讀書明理之君子、細爲講求、其述作自勝於一般術士鄙陋誇誕之辭、亦挽回世運之一大事也、豈戔戔私人禍福關係矣乎、若或以爲修德積善、自致休祥、奚必崇信異端、動多疑沮、斯乃徒爲高論、理實未嘗不觀乎、查君所引禮及孝經之文、詩亦有相陰陽、觀流泉、吉日庚午、揆之以日等語、梵筴亦屢言菩薩方便利益衆生、不舍世間一切技藝、是則堪輿之學、佛儒二聖、當亦不棄、而今之士夫、顧可忽視乎哉、鄙懷久積、因茲編而畧暢所言、文成於南京雞鳴山下之中央大學宿舍、六朝古松、尚依依向人微笑也、若夫理法、查君書備詳之、毋俟於贅陳焉、

民國二十四年乙亥季秋江彥雍謹識

序

嘗攷陰陽二宅書雖汗牛充棟然究其源要皆濫觴河洛同源異流初無軒輊自唐僧一行滅蠻經行世遂至諸家雜出以僞亂眞誤世殃民莫可究詰言三合者惟知淨陰淨陽而論三元者亦多不識九星之活潑潑矣蓋九星之學玄空之學也玄空即挨星而挨星乃以河圖爲體洛書爲用所謂用者變動不居者也如乾爲父兮坤爲母震爲長男坎爲仲離巽是女亦是媳兌艮是姑亦是子鬼入雷門惠王子喪于齊廉居天府伍相父刑于楚甘羅運早宅逢艮兌延年呂望遇遲屋值乾坤武曲用星低洩貧同原憲黔婁吉宿高強富比陶朱倚頓喪明之痛堪嗟震坎艮必遭傷損鼓盆之哀誰識兌巽離定遇欺凌蛇占夢裏皆因兌宅巽門獅吼河東祗緣離高坎陷火犯乾垣隋煬弑父而自立金侵雷府易牙殺子以媚君輔入乾宮項羽護沛公之父弼飛兌位郭氏絕賈相之兒小畜之姤中冓有衛宣之醜大過之睽綉幃窺韓壽之容震入艮斗粟尺布艮入乾捧檄舞斑祿存破軍得勢晁錯自貽伊戚延年

天乙歸垣平津得遇殊恩此皆活潑天機陰陽摩盪是以吉凶悔吝應如桴鼓絲毫不爽者也吾鄉查君玉髯學究天文又精地理骨殖之道經驗更深故有漢鏡齋堪輿學一書問世按是書言陽宅言陰基幷論選擇字字珠璣語語中肯關于挨星一訣更洩及先賢之秘斯眞玄空學之圭臬亦卽堪輿學之眞諦家國興衰此其著察焉爰爲之序

中華民國二十五年歲次柔兆困敦孟夏月心庵胡敦禮序

漢鏡齋堪輿小識題詩

爲安窀穸學堪輿喜得玄空沈氏書研究正宗崇實用闡明諸運黜浮虛宏編巨帙精排比妙理名言獨展舒先哲堪承傳自永發揮微義已無餘

堪輿鼻祖溯青囊宋廖唐楊繼擅長河洛本原宗理氣吉凶論斷悉精詳蔣公辨正排邪說查子宏文萃吉光此後奉安親柩者是編克守自嘉祥

漢鏡齋主人查玉髯學兄於執教鞭之暇所著堪輿小識已發刊一次公諸箇中同好矣兹正有道後謀二次排印以惠仁人之安葬其親者慧心仁術欽佩無已不佞拜讀一通多發前人所未發洵爲奉安者不可不讀之書承囑匯洪遜祥學兄題詞謹貢七律兩章以博粲正

民國二十五年一月元日弟巴光斗甫星垣氏敬題并識

漢鏡齋堪輿小識題詩

天玉諸經語最玄。楊公心法失薪傳。蔣陵須畧玄中趣。隱約其詞秘勿宣。沈竹礽師曠世資。剔除舊說論新思。洛書悟出挨星理。抉盡藩籬與衆知。查君纂述歷居諸。信是人間未見書。漫謂堪輿纔小識。發揮玄義已無餘。層玉霏金字字新。天星選擇理尤眞。心香待向青田拜。君是青田再世人。

洪家騏初稿

錄婺源星江報載「數理家查亘玉髯刊行堪輿小識」一則

洪家駿初稿

九區鳳山查亘玉髯先生畢業於安徽優師湛深數理執教皖省南北造就頗衆近年來於教課之餘涉獵堪輿書籍於玄空理氣推究極深其學以中國古代河洛理數爲本證明堪輿爲吾國一種玄妙哲學其吉凶應驗之理比之今日之無綫電而玄妙更進若干層著有堪輿小識一書刊行問世以科學腦筋談古代哲學爲吾國國粹放一異彩其友洪瘦樵見而善之稱爲將雲間劉青田而後一人是亦我邑著作界之

特色也

の内側ではなく右側の縦書き欄外テキスト>

自序

昔者公劉遷豳、曰相其陰陽、觀其流泉、周公卜洛、曰澗水東、瀍水西、維洛食、劉文正公曰、卜兆見書、卜日見禮、苟無吉凶、聖人何卜、此皆足證堪輿之學肇自遠古者也、漢之管輅、晉之郭璞、演經立義、闡明形勢、黃石青囊、爲堪輿家書之鼻祖、唐宋而還、楊曾廖賴、相繼而出、本源河洛、發明理氣、論斷吉凶、精微奇驗、惟天機隱秘、非人不傳、斯道乃隱而莫著、有明末葉、楊公眞理氣、幾失薪傳、而唐僧一行之滅蠻經、遂乘此盛行於世、附會僞託、演成三合、雙山、爭陰淨陽、左挨右挨、輔星翻卦、諸法、各立門戶、異軌爭鳴、又皆自謂遠本海角、青烏、近遵青田、目講、舉世惑焉、於是入主出奴、習非成是、至死不悟、末滅蠻夷、反誤華冑、可不哀哉、清初蔣大鴻得無極子眞傳、著地理辨正一書、傳楊公之絕學、闢玉尺爲異端、厥功甚大、惜解青囊天玉諸經、於挨星諸秘訣、其詞隱約、不肯披肝露膽、徹底說出、致諸經奧義、仍非口傳心授、索解無由、間有一二得訣之士、又復遵守師戒、懼洩天機、致干天律、而楊公眞理氣終至隱而不傳、此則蔣氏秘密之過也、清末錢唐沈竹礽師秉絕世之天姿、閱家國之危難、不惜苦口婆心、逢人指授、盡洩其秘、斯眞郭楊之功臣、度世之寶筏也、今師遺著、有辨正揭要、末梓行、復經族德江師莘農擷集先師之說、爲玄空學刊行於世、倘孝子慈孫手置一編、朝夕研習、其於葬親大事、裨益無窮、莘農師於易理玄學、精研極深、惜遺稿散失、僅有親喪不宜久停卜葬、宜合三元運諸說、流行於世、竹礽師之子暌民謂皖人治易學玄學、能別樹一幟者、惟江莘老一人、則莘師之學、亦概可想見矣、鄙人今著堪輿小識、一本沈師江師之旨、但於其諸理法、分別演繹列圖而說明之、祇求詳盡、不惜詞費、著述之意在是、而小識之爲小識亦在是、時民國紀元二十四年乙亥長至日漢鏡齋主人王鬚香國珍識

漢鏡齋堪輿小識

目次

漢鏡齋堪輿小識

贈書公啓

婺源查國珍玉輯氏著

敬啓者。鄙人十四歲喪父。三十一歲喪母。生養無緣。終天抱恨。廿年來爲葬親計。研求堪輿諸書。今以任務餘閒。拉雜叙述玄空理法五十餘条。印成堪輿小識一冊。分贈仁人孝子之欲葬其親與同道中之賢德者。自知妄作。舛誤實多。徒以世道衰微。國家多難。挽救同具此心。昔者公劉遷豳。周室八百年之王基。即決定於相其陰陽。觀其流泉之日。堪輿之學。由來尚矣。豈得曰迷信哉。蓋北斗建極於天。而氣化流行於地。故物物有太極。物各有天地。人身亦一天地。人雖死。而骨殖所秉之精靈未滅。猶自有其一天地在也。是以八卦九宮。其理通於墓宅。亦已彰彰明甚矣。惟古賢口口相傳。師師相授。天機不肯漏洩。眞訣秘而不宣。致令諸家雜出。異軌爭鳴。家習滅蠻之經。人排掌中之卦。僞說日熾。眞理不傳。墓宅吉凶。絲毫不驗。自司馬溫公有不信風水之說。而儒家遂卑視堪輿矣。然考儀禮旣夕禮有云。筮宅冢人物土。鄭註謂物土爲相地。

即相其地之可葬者乃營之。孝經云。卜其宅兆而安厝之。鄭註宅墓穴也。兆塋域也。葬事大。故卜之。是相地卜宅固聖人之所重也。孔子曰。死葬之以禮。夫死而葬之可已而必以禮者。明明示天下後世之爲人子者。於葬親大事。必盡禮家之所事。亦猶筮宅冢人物土之義也。今之儒者。不習禮經孝經。不讀論語。詆爲迷信。奚足怪哉。茲奉贈小識一册。希賜覽後。多多指教。但非有德之家。尚祈穩口深藏。勿輕指示。免助長其凶殘。古賢於此。嚴守秘密。不肯輕洩隻字。現今無錫章仲山一派。其家後裔。雖餌之以重金。亦不肯輕示於人。所謂父子雖親不肯說。千金難買此玄文。即指挨星飛星諸秘訣而言也。鄙人印刷分贈。實因近世地師非遵三合双山。即遵淨陰淨陽。以及翻卦諸訣。差錯出卦。誤盡蒼生。釀成大亂之機而莫之察。楊公云。百二十家渺無訣。此說玄機老祖宗。蔣公云。古今來知此者不過數人。識者亦知所取法矣。第楊蔣之書。其旨玄奧。不得其訣。不易索解。故鄙人於其理法。明圖貼說。舉例以証明之。俾學者易於入門。拉雜陳詞。上瀆清聽。伏乞察諒。

堪輿溯源

堪輿之學。其源出於河圖洛書。河圖不變之易。以明其體。洛書變易之易。以達其用。體用之理。玄而又玄。非精通易學。不能貫通其理。明察吉凶。而一切可以前知者。皆懵然莫知其故。苟得其道。吉凶之故。瞭如指掌。其理無非河洛自然之理。亦即天地造化自然之理也。蓋堪輿實爲我國古代一種玄妙哲學。惜古來得道諸賢。不肯洩漏天機。僅示人以當然之故。而不詳示人以所以然之理。是以諸家雜出。僞說亂眞。墓宅吉凶。絲毫不驗。無怪世人以迷信斥之也。果能排除僞說。專究玄空。入室升堂。探玄索奧。自然領悟祖先骨殖之吉凶安危、與子孫相感相應之玄機、當其媾精化生之始、即遺傳有神妙精微自然感通之一物、故肉體雖各分離。而吉凶互相感應。感應之機。猶之今日之無綫電。而玄妙更進若干層。願習斯道者。精研河洛易理。以科學方法演繹而昌明之。亦挽回國家氣運之一端也。

洛書神秘妙在二八易位

玄空源出於易。易之致。用實在後天。而後天之關鍵。又妙在二八易位。所謂二八易位者。自坎至巽爲坎一艮八震三巽四。如坤不與艮易位。恰爲一二三四。數之次序。順行不亂。自離至乾爲離九坤二兌七乾六。如艮不與坤易位。恰爲九八七六。數之次序。又逆行不亂。今坤二艮八易位。則自坎至巽爲一八三四。自離至乾爲九二七六。參伍之。所以齊一。錯綜之。所以變化後天之神妙不測。則在於此。何也。坎位正北。乾居西北。坎一乾六。一六共宗也。離位正南。巽居東南。巽四離九。四九爲友、也。震位正東。艮居東北。震三艮八。三八爲朋、也。兌位正西。坤居西南。坤二兌七。二七同、道、也。此一生一成。妙在二八易位。由是先天生成之數。乃珠聯璧合於後天八卦之中。使河圖洛書。得一以貫之之妙用也。洛書八卦。對待合十。通乎中五。則合十五。惟合十五。所以致用。（五爲土數、能合十五、則戊己己戊。戊陰陽二土、化合以生萬物、而變化無窮一）今因二八易位。遂又縱之橫之斜之正之。均合十五。如縱之爲四三八、九五一、二七六。合之皆十五也。橫之爲四九二、三五七、八一六。合之皆十五也。斜之爲四五六二二五八。合之皆十五也。正之爲九五一、三五七。合之皆十五也。此又縱橫斜正均合十五。妙在二八易位也。有此生成合十合十五之妙用。而天地之神秘洛書一卦已宣洩盡之矣。是故易學天學也。易經天書也。八卦天象也。八卦非聖人能作。惟聖人能克盡仰觀俯察之能事。故天地自然之八卦。遂假聖人之手。依象畫出。如是而已。識者亦謂然否。明圖於左。

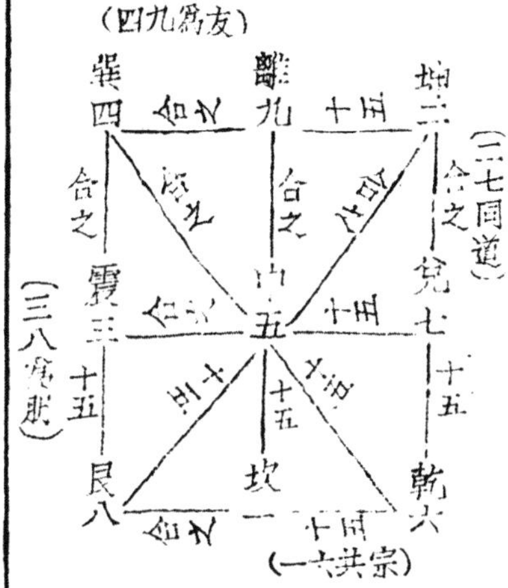

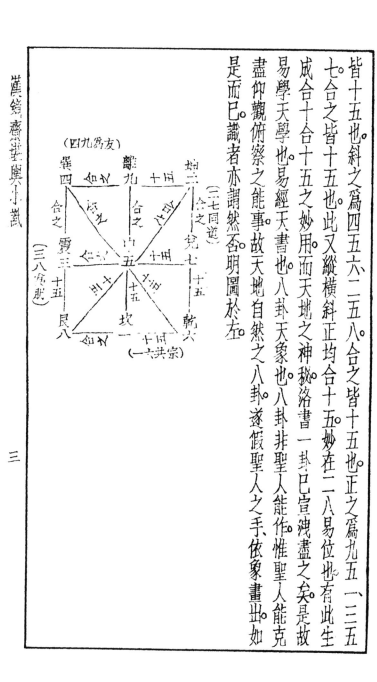

挨星飛星

玄空挨星飛星。即洛書變易之易也。其實周流八卦。顛倒九疇一語盡之矣。茲將其法分別列圖附說。以爲初學門徑。

洛書八卦圖(一)

巽	離	坤
震	中	兌
艮	坎	乾

洛書九星順行周流圖(二)

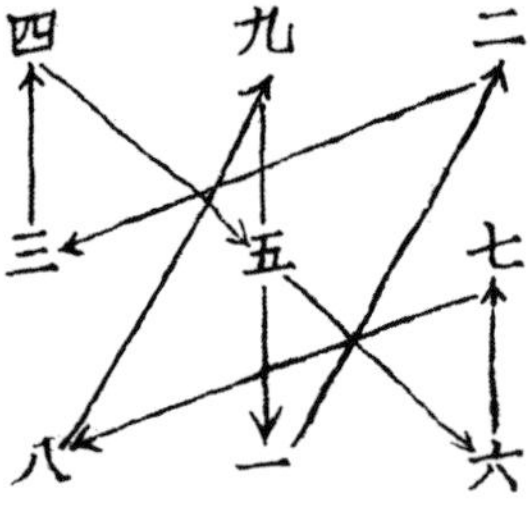

洛書九星逆行周流圖(三)

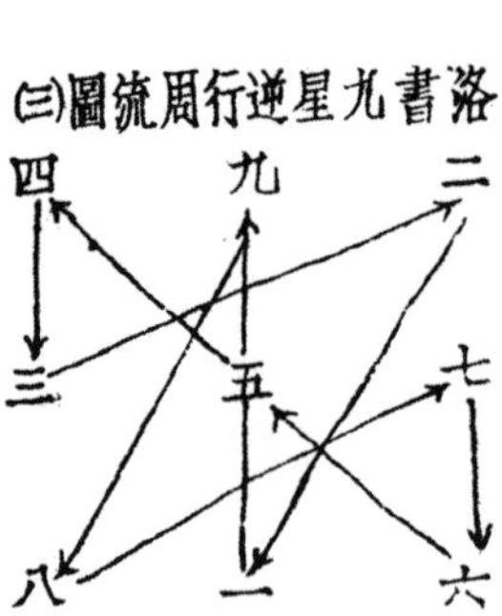

上列三圖。實由一圖分列三圖。便學者易明八卦九星順逆流行之路。順行者。合一二兩圖觀之。係由中五先至乾六。次而兌七。而艮八。而離九。而坎一。而坤二。而震三。而巽四也。逆行者。合一三兩圖觀之。係由中五先至巽四。次而震三。而坤二。而坎一。而離九。而艮八。而兌七。而乾六也。挨星飛星。本源於此。

元運挨星　在一白坎運。以一入中。在二黑坤運。以二入中。在三碧震運。以三入中。在四綠巽運。以四入中。在五黃運。仍五居中。推至在九紫離運。以九入中。復轉一白坎運。又以一入中。周流復始。亘古不易。惟挨星次序。各運皆順行。依上例九星順行圖行順次挨之。挨得之九星盤。曰運盤。又曰父母卦。茲挨三圖於左。餘類推。

一運挨星

九	五	七
八	一	三
四	六	二

三運挨星

二	七	九
一	三	五
六	八	四

五運挨星

四	九	二
三	五	七
八	一	六

山向飛星　先將運盤挨到山向之星。入中化極。山上之星列在左邊。向上之星列在右邊。然後判別陰陽。陰則逆飛八宮。陽則順飛八宮。其陰陽非九星本卦之陰陽。又非本山本向之陰陽。實憑所立山向爲天元或地元或人元。即以山向二星相當該元爻神之陰陽爲陰陽。初學

似不易悉。細玩自然明瞭。飛佈數例如次。

一運子山午向

子午爲天元山向。山上之六係乾。乾之天元爻亦乾。屬陽入中順飛。向上之五寄坎。坎之天元爻即子。屬陰。入中逆飛。　癸山丁向同。

一運壬山丙向

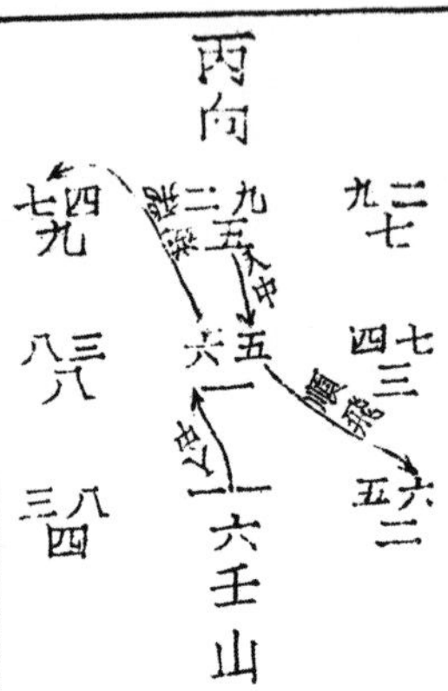

壬丙爲地元山向。山上之六。係乾之地元戌爻。屬陰。入中逆飛。向上之五寄坎。坎之地元爻係壬。屬陽。入中順飛。

三運卯山酉向

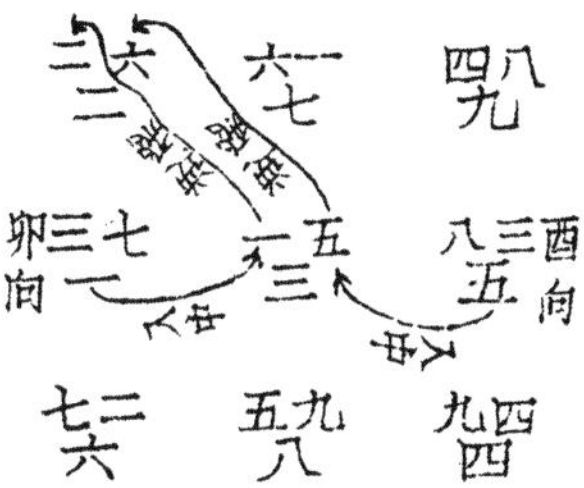

三運甲山庚向

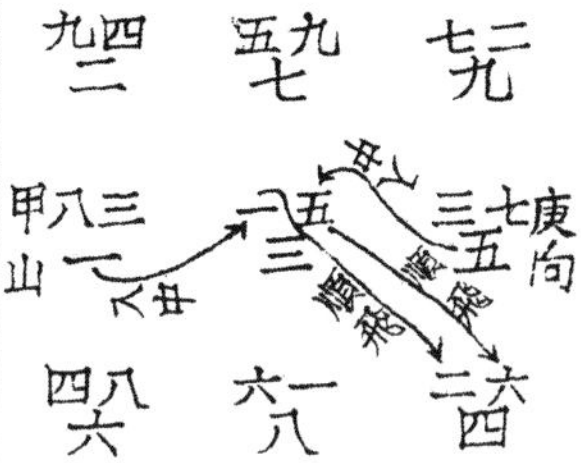

卯酉爲天元山向。山上之一。係坎之天元子爻。屬陰。入中逆飛。向上之五寄震。震之天元爻即卯。亦陰。入中逆飛。　乙山辛向同。

甲庚爲地元山向。山上之一。係坎之地元壬爻。屬陽。入中順飛。向上之五寄震。震之地元爻即甲。屬陽。入中順飛。

五運艮山坤向

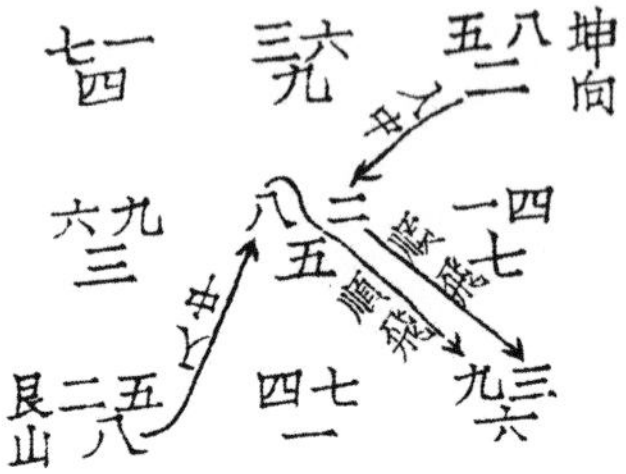

艮坤爲天元山向。山上之八。係艮之天元爻
艮。屬陽。入中順飛。向上之二係坤。屬陽。入中
順飛。

例外　山上飛星爲二五。五係向上
飛佈之星。寄坤故二五即二二。配坤卦。
向上飛星爲五八。五寄艮。即八八。配艮
卦。

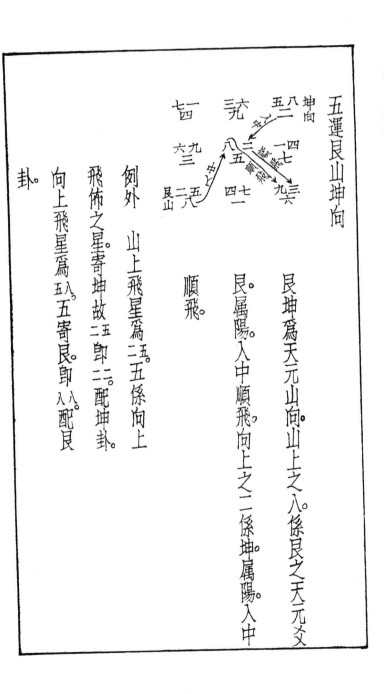

五運丑山未向

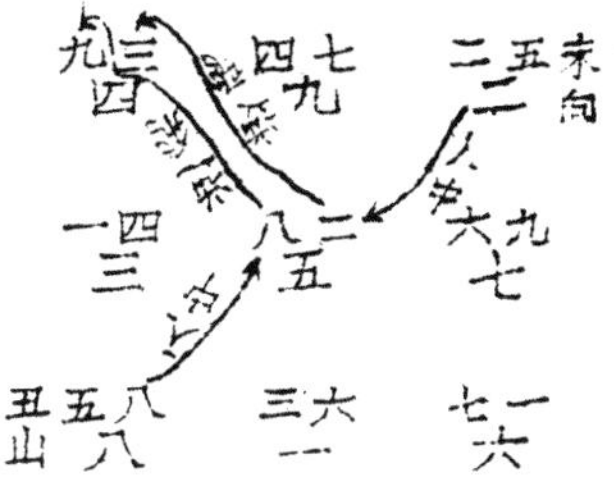

丑未爲地元山向。山上之八。係艮之地元爻

丑屬陰。入中逆飛。向上之二。係坤之地元爻

未亦陰。入中逆飛。

例外　山上飛星五八。配艮卦。向上飛星二五。配坤卦。

上述山向飛星諸例。恐初學者於判別陰陽之法。仍難明瞭。茲更將二十四山向分清天地人三盤言之。天元之子午卯酉乾坤艮巽。及人元之乙辛丁癸寅申巳亥山向。逢奇數入中皆爲陰。逢耦數入中皆爲陽。地元之辰戌丑未甲庚丙壬山向。逢奇數入中皆爲陽。逢耦數入中皆爲陰。一語道破。其陰陽不思而得。至五入中之陰陽。須視運盤入中之星。係屬四正卦或四維卦而定。如運盤入中之星爲一三七九四正卦。則在天元人元山向。五入中均爲陰在地元山向。五入中則爲陽又如運盤入中之星爲二四六八四維卦。則在天元人元山向。五入中均爲陽。在地元山向。五入中則爲陰。明此。則三元九運二百十六個山向挨星飛星。瞭如指掌矣。

五黃寄宮

五黃一星。在洛書本卦。與五運挨星一盤。均端居中宮立極。天地之陰陽。交媾於此。萬物之化育。發端於此。所謂玄之又玄。衆妙之門也。惟在一二三四六七八九八個運內。又非五黃居中立極。係由各運運星入中立極。代五黃司化育玄機。而五黃遂退居八宮。以兼司其入中運星之化氣。例如坎一入中。八宮即缺少坎一。然八卦斷不能缺少坎一。今得五黃適補其缺。故此時之五黃。遂不得不兼司坎一之氣。且坎一入中。五黃恰居坎之對宮離位。（後天與坎對待合十之位）亦已明顯其代坎媾離之妙用矣。二三四六七八九等運。莫不皆然。可見坎一入中。指中宮言。謂之五黃寄坎。對八宮言。謂之坎寄五黃亦可。其他坤二入中。五黃寄坤。震三入中。五黃寄震等等。不難類推。但五運山向飛星兩盤遇五黃時。又須分別各寄本山本向。分寄兩宮。與他運山向飛星遇五黃時。仍寄運星一宮。又自不同。此爲飛星配卦之用。另有論例。姑不混入於此。

龍穴向水

玄空理法。龍與穴必經四位。如乾龍入首、穴必坐子或坐酉、向與城門口即水必經四位。如穴坐子向午、水口必在巽或坤、此卽寶照經子癸午丁天元宮三節之義。地書所謂干龍支向。支龍干向。支向干水。干向支水。同一理也。惟此處所言干支。係經四位之干支。卽分清天地人三卦各卦之干支也。如天元之乾爲干。左行經四位到子支。右行經四位到酉支。故乾坤艮巽之龍。穴必坐子午卯酉。子午卯酉之龍。穴必坐乾坤艮巽。推之地元甲庚壬丙之龍。穴必坐辰戌丑未。辰戌丑未之龍。穴必坐甲庚壬丙。又人元乙辛丁癸之龍。穴必坐寅申巳亥。寅申巳亥之龍。穴必坐乙辛丁癸明矣。更推之向與水口。亦必合經四位之干支。又明矣。苟徒執干支。不經四位。假如乾龍八首。穴坐寅支。向旣申支。收丙干水。則卦氣不清。差錯出卦。陰陽交戰。爲禍有不可勝言者矣。

收山出煞

玄空收山出煞。須憑天地父母三般卦之陰陽生旺衰死爲轉移。父母卦。即各運之挨星一盤。天地卦即山向入中飛星之兩盤。陰陽即變易之陰陽。生旺即當元之正神。衰死即出元之零神。例如山上之星入中。飛到八宮。凡成星成體之峰所在之方。均得山上當元生旺之氣。而低窪有水所在之方。恰好排到出元衰死之氣。又向上之星入中。飛到八宮。凡照穴有情之水。或城門所在之方。均得向上當元生旺之氣。而高山實地無水所在之方。恰好排到出元衰死之氣。是爲收得山來。出得煞去。反之則收不得山來。出不得煞去矣。此以山向兩盤收山出煞也。而父母卦之挨星盤。於收山出煞。亦關重要。假如山向飛星。排到八宮生旺衰死之氣。體與用未能盡合。若得拱穴最有情之秀峰方。照穴最有情之好水或城門方。爲父母卦之陰星挨到。則入中逆飛。旺氣到方。發福亦速。所謂一貴當權。諸凶懾伏。吉星先入家豪富。城門一訣最爲良者。皆指此也。

再論收山出煞

玄空理氣之收山出煞。既述於前。而巒頭沙水之收山出煞。亦不可不知。此法只要八宮砂水一卦清純。不雜他卦。則收得山出得煞。若一二宮雜出他卦。則此一二宮。便收不得山。出不得煞矣。假如作天元山向。必須好峰之尖。好砂之項。水之三叉與入口去口。或照穴有情有力之方。都在天元卦之子午卯酉乾坤艮巽八個字上。不雜於地元卦之甲庚壬丙辰戌丑未與人元卦之乙辛丁癸寅申巳亥十六個字上。又如作地元山向。必須好峰之尖。好砂之項。水之三叉與入口去口。或照穴有情有力之方。都在地元卦之甲庚壬丙辰戌丑未八個字上。不雜於天元卦之子午卯酉乾坤艮巽。與人元卦之乙辛丁癸寅申巳亥十六個字上。又如作人元山向。必須好峰之尖。好砂之項。水之三叉與入口去口。或照穴有情有力之方。都在人元卦之乙辛丁癸寅申巳亥八個字上。不雜於天元卦之子午卯酉乾坤艮巽。與地元卦之甲庚壬丙辰戌丑未十六個字上。斯得收山出煞之妙用矣。然此爲正法。仍有變法又須視天卦出與不出。以定去取。如本編中所論兼向山水雜出諸例是已。

墓宅定向

墓宅定向重分金。比較卦爻將元運山向卦爻與先天山向卦爻比較避伏吟。更與納音週天六十甲子納音五行論生剋制化之妙。存乎心。

例如四運寅申正向。坐山後天大過卦。順排爲四七。先天既濟卦。順排爲九一。不犯伏吟。向首後天渙卦。逆排爲四一。先天未濟卦。順排爲一九。亦不犯伏吟。山上坐庚寅。納音木。大過之七金剋木。而有四木比和。向上丙申。納音火。渙卦之一水剋火。而有四木相生。生剋制化。互相補救。又如四運申寅正向。坐山先天未濟卦。順排爲一九。後天飛星配井卦。逆排是四一。若坐未濟之內爻一定向。則未濟之一。

正當井卦之一。適犯伏吟。主多疾病。應坐未濟之外爻九及丙申火。但外爻又分四五六三爻。而五六兩爻。已在丙申火之外。宜坐未濟九中四爻定綫。則線既在未濟外爻九上。又在丙申火中。斯不誤矣。向首先天既濟卦。順排是九一。後天飛星配中孚卦。順排是四七。先後天內外二爻。均不犯反伏吟。毋庸趨避。六十甲子坐丙申火。向庚寅木。生尅制化。與寅山申向相同。又如一運子山午向。先天坐坤二二。向乾六六。後天飛星山上爲晉卦二九。向上爲坎卦一一。均順排。晉卦外離內坤。是所坐之卦。與飛星之卦。坤又見坤。即犯反伏吟。但晉卦六爻順排。其內卦之坤三爻。居子之正中。分金時略偏右近壬。則坐外卦之坤三爻。而反伏吟即避去矣。其六十甲子分金。爲坐丙子水。山上飛星爲九二。係火土。無所謂有餘不足也。各運山向。皆如此比較用之。

先後天卦爻順逆排法。以每卦內外爻之陰陽爲斷。此法以乾坤坎離四卦爲陽。震巽艮兌四卦爲陰。陽與陽配合。或陰與陰配合。

均順排。即順時計之方向。由外爻排至內爻。例如火天大有。爻爲九六。即離陽與乾陽配合。應順排爲（六九。）又如澤風大過。爻爲七四。即兌陰與巽陰配合。應順排爲（四七。）陽與陰配合或陰與陽配合。均逆排。即逆時計之方向。由外爻排至內爻。例如天風姤。爻爲六四。即乾陽與巽陰配合。應逆爲（六四。）又如風水渙。爻爲四一。即巽陰與坎陽配合。應逆排爲（四一。）他卦排法類推。

正神零神

零正二神。即後天對待之二卦也。如一運坎一爲正神。則對待之離九爲零神。（即洛書之離一卦、亦即運盤挨五之宮。二三等運類推、）二運坤二爲正神。則對待之艮八爲零神。三運震三爲正神。則對待之兌七爲零神。四運巽四爲正神。則對待之乾六爲零神。六運乾六爲正神。則對待之巽四爲零神。七運兌七爲正神。則對待之震三爲零神。八運艮八爲正神。則對待之坤二爲零神。九運離九爲正神。則對待之坎一爲零神。惟五運前十年。以戊方丑方爲零神。後十年。以辰方未方爲零神。（參看玄空秘旨四墓非吉陽土陰土之所裁一語註解自悟）此三元九運零正二神之分別也。凡向上之水與零神配合。其效如神。例如四運用辰山戌向。戌卽零神也。立此向不獨寅葬卯發。直火上加油。此零神之妙用也。（惟五運以下一段經沈瓞民先生改正髯附識）

零神妙用

零正二神。既如上述。茲更以零神之妙用言之。蓋零者無也另也。如坎一入中。對待之離宮已無九而另卽五挨到。是五所到對待之離宮。而爲坎一入中之零神。（此零神卽地盤之九天盤之五不屬於飛挨之九）零神卽合十而五卽代坎一而合十於離九者也。故坎一入中五黃臨離。卽爲壬子癸臨離。而坎逑離交媾矣。交媾卽合十。故曰零神卽合十也。推之坤二入中。坤艮交媾。震三入中。震兌交媾。巽四入中。巽乾交媾等等。亦均合十也。總之三元九運。凡天盤五到之宮。卽爲零神所在之處。其妙用又在陰陽上分。如一運離向向首五入中。順飛則犯反伏吟大凶。逆飛則令星到向。且各宮飛星與洛書本卦均合十。大有三十六宮都是春之妙最吉（他運向首五入中亦然）又挨星一入中五媾離飛星五入中一又媾離此之謂眞陰陽眞夫婦眞交媾眞合十寶照經曰前頭走到五里山遇着賓（卽向）主（卽山）相交接天玉經曰若遇正神正位裝（指山言）撥水入零堂（指向言）又曰坎離水火中天過龍墀移帝座（此可云帝座幸龍墀）青囊序曰江南龍來江北望實皆指此種玄妙而言而青囊經所謂化始所謂化機所謂化成玄空所謂天機所謂秘密亦無不於此交媾中探求消息洩漏春光眞有個中奧妙祇可領悟雖千言萬語未足以形容恰當者也故一運之子午癸丁二運之未丑三運之卯酉乙辛四運之辰戌五運之戌丑辰未四向六運之戌辰七運之酉卯辛乙八運之丑未九運之午子丁癸均合零神用再得向水照穴發福非常卽一四六九運諸向雖双星到向亦不減旺山旺向反之犯反伏吟向星到坐皆不合零神妙用較上山下水又更凶矣五運戌丑辰未四向旣合零神妙用又得旺山旺向復爲墓庫之方如果向水深蓄照穴眞是發福無休歇矣天

玉經曰。辰戌丑未叩金龍。動得永不窮。此正叩金龍之動得時也。又曰自庫樂長春。此卽自庫樂長春時也。而乾亥艮寅巽巳坤申。皆非自庫。皆非動得。皆是出卦（天卦出）皆屬凶向。故曰出卦家貧乏也。但艮寅坤申四向。雖不合零神妙用。却又合三般卦。倘地局合宜。又爲可用。

向星入囚

墓宅行運。行至向星入中。謂之向星入囚。凡陰陽二宅。逢囚卽敗。然亦有囚得住。囚不住之別。茲分別言之。(一)以天盤挨到向首之向星入中爲入囚。如三運辰山戌向。向首挨四。至四運四入中。則入囚矣。(二)天盤挨到向首之向星。爲五黃者。逢囚不囚。因五黃入中。爲皇極居臨正位。至大至尊。何囚之有。(三)双星到向之局。以向首向星對宮之星（卽向上飛星到山之字）入囚爲囚。如一運亥山巳向。双一到向。向星一之對宮爲八。卽八運入囚。又凡打刼之局。無不如是。觀沈師打刼入囚表自明。(四)逢囚之星。其洛書本卦。陰宅有水。陽宅有門路者。則囚不住(五)陽宅二四六八進之屋。中宮必有天空明堂。空氣可作水論。（明時舊屋。天井甚深。又人家天井內安置大缸養魚。當時作者。殆有用意）向星入水。雖囚不囚。若一三五七進之屋中宮爲屋。入中便囚但向上有水放光者。亦囚不囚。此向星入囚之大概也。

辰山 八 三 九	四 七 五	六 五 七 8
七 四 八	九 二 一	二 九 三
三 八 四	五 六 六	一 一 二 戌向

地運長短

地運長短。以向星入囚爲斷。如一運戌向。至二運囚。則地運僅二十年。其他山向。均照此推。故戌乾亥向。地運均四十年。丑艮寅向。地運均六十年。丙午丁向。地運均八十年。壬子癸向。地運均一百年。未坤申向。地運均一百二十年。甲卯乙向。地運均一百四十年。辰巽巳向。地元均一百六十年。此小三元也。若大龍大結。來脉綿遠。又得生成合十之妙。則不拘於此。其地運可得五百四十年。重之則一千零八十年。此大三元也。

向首一星

蔣公云。向首一星災福柄。可知墓宅生災致福。要視向首一星。爲轉移。向首一星。卽運盤挨到向首之星。此星入中化極。若爲陰星。則逆飛八宮。當令之旺星到向。謂之旺向。向首見水。財必速發。如向首有山無水。亦主退財。又此星入中化極。若爲陽星。則順飛八宮。當令之旺氣到山。謂之向上龍神上山。坐後高山實地。財氣卽退。如坐後水繞。反主旺財。所謂體無用不靈。用無體不驗。體與用要兩得也。總之向上飛星一盤旺星得水。本運卽發。旺星不得水。雖到向亦不發。生氣方得水。次運卽發。生氣方無水。次運便退。其他何星得水。待至何運卽發。何星不得水。待至何運便退。故曰災福柄也。舉例說明如次。

例四運申山寅向

向首運盤挨星是七。七卽人元之辛。爲陰。入

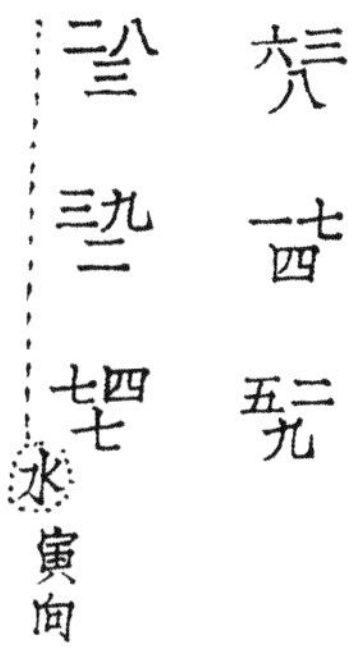

中逆飛。四綠旺星到向。向首有水。四運財大旺。兌宮有水。生氣五到。五運財亦旺。乾宮無水六到。向星七又入囚。六七兩運財大敗。震巽兩宮有水。八到巽。九到震。八九兩運財又佳。一二三運。向星不得水。財漸退矣。

例五運艮山坤向

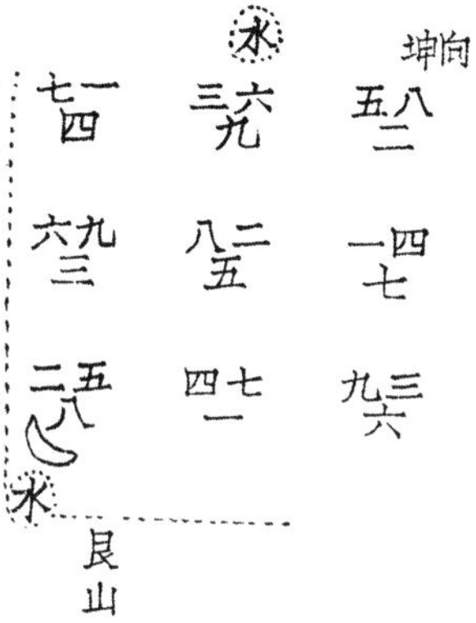

向首運盤挨星是二。二一即天元之坤。爲陽。入中順飛。五黃旺氣到山。謂之上山。本主退財。然坐後河水合聚。則旺氣上山而反得水。財必大旺。離宮六八到。坎宮七到。均有水。六七兩運財亦旺。八到坤無水。八運財不旺。九到震。一到巽。均有水。九一兩運財又旺。二三四運向星入囚。或不得水。財漸退矣。

去來二口

蔣公云。去來二口死生門。去來二口。即人蹲穴上。恰見來水入口與去水出口二方也。此二口要與山向同元一氣。乃爲眞龍眞穴。又二口所在之方。得向上三吉五吉之星飛到則爲生。得凶煞衰死之星飛到則爲死。或運盤之陰星挨到（入中逆飛旺星到水口合城門一吉）則爲生。陽星挨到則爲死。如一運子山午向。水由坤入口。巽出口。或巽入口。坤出口爲生。而七運之子山午向則爲死。挨排於次。

例一運子山午向

午向

一一 五	三八 七
六五 一	八三 三
二九 六	七四 二

子山

向首一到。巽方六到。坤方八到。合一六八輔星成五吉之妙用。

坤方水口旺氣一到

五六九 四七八 九二四
坤一8七 五三 六二
午向 三五 七一 二六 子山

挨坤爲七。七卽天元之酉。爲陰。入中逆飛。旺氣一到坤。

巽方水口旺氣一到

八九 九八 四四
三七 七三 八二
午向 五五 九一 四六 子山
巽一8九 二八 六四

挨巽爲九。九卽天元之午。爲陰。入中逆飛。旺氣一到巽。

例七運子山午向

午向

四一 六	八六 二	六八 四
五九 五	三二 七	一四 九
九五 一	七七 三	二三 八

子山

此亦一六八八同到向上。不但無財。反主餓死。因一運係旺向。七運爲衰向。雖坤方八爲生氣。補救不及。而坤巽挨星均陽。不合城門一訣。所謂衆凶剋主。獨力難支。全無生氣入門。粮艱一宿。所以吉凶不同斷也。

坤方水口衰氣一到

午向

三 六	八 二	一 四
二 五	四 七	六 九
七 一	九 三	五 八

子山

挨坤爲四。即巽屬陽。入中順飛。衰氣一到坤。

巽方水口煞氣五到

挨巽爲六。即乾屬陽。入中順飛。煞氣五到巽。

巽 五六	午向 一二	三四
四五	六七	八九
九一	二三 子山	七八

城門一吉

墓宅向首不得旺氣。可取城門一吉補救。城門卽二三叉水口。凡水之照穴有情處。亦爲城門。辨正論城門。以温解爲最明白。無非要使當元得令之旺星飛到城門。以城門之一吉。補救向首之衰而已。其法運盤挨到城門之星。陽順無取。若陰逆。則入中逆飛。當元之旺氣。必到城門。卽爲城門一吉。如上例一運子山午向。坤或巽水口。均合城門一吉。惟城門一吉。當運則發。運過便退。如出運向首乘旺。宜擇吉修理。以轉變八宮宮星。收其旺氣。庶免咎徵。又城門一吉。於催官尤驗也。

寅葬卯發

俗語寅葬卯發。乃形容發福之神速耳。此語亦有所本。青囊序云。二十四山分順逆。合成四十有八局。查三元九運。山向二星入中均逆飛者。在二八運有乾亥巽巳丑未各六局。三七運有卯乙酉辛辰戌各六局。四六運有艮寅坤申甲庚各六局。五運有子癸午丁卯乙酉辛丑辰未戌十二局均得旺山旺向。合之共四十八局（編末附表可查）果得向首水光照穴。坐山端整垂拱。體用兼收。則丁與財均速發也。

傷丁退財

山主人丁。水主財祿。此二語人人知之。然每有龍眞穴的之地。坐下之山。向首之水。人人贊美。誠所謂添丁發財地矣。而葬之傷丁退財。咎徵叠見。又何故耶。此不關乎地勢。而其中實有天運主之。即犯上山下水之凶故也。青囊序云。山上龍神不下水。水裏龍神不上山。已明示人山向排龍。山之令星要在山。水之令星要得水。故曰不下水不上山也。如果山之令星不在山而落水。謂之犯下水。山主人丁。故應傷丁。如果向之令星不得水而在山。謂之犯上山。水主財祿。故應退財。若上山下水一時同犯。即應同時傷丁退財。今之地師。徒執巒頭之山水斷人丁財。而不叄合理氣之山水。斷人丁財。如何應驗。

七星打刼

七星打刼。諸書千言萬語。大都引而不發。使人莫測其奧。惟沈竹礽師盡揭其秘。和盤托出。讀者瞭然。茲撮要言之。其詳取沈書觀之可也。打刼者。實刼三般卦內他元未來之氣。以爲本元取用。如銀行存款未到期而先提取也。蔣公謂打刼爲最上一乘。可知其中玄奥有令人難悟難言者焉。其法分離宮打刼與坎宮打刼。如離宮打刼。則離震乾三宮之挨星飛星。必合一四七或二五八或三六九之三般卦。若次宮打刼。則坎兌巽三宮之挨星飛星。必合一四七或二五八或三六九之三般卦。且當令之旺星。又必同到向首。(向首宜有水)不合此者。不能打刼。又沈師謂離宮打刼爲眞。坎宮打刼爲假。蓋打刼係北斗七星之作用。北斗帝星也。帝出乎震。相見乎離。戰乎乾。乾天門也。故離宮打刼爲眞打刼。若巽則爲地戶。打刼實刼天氣。非刼地氣。故通地戶者假打刼也。仍有犯伏吟。宜空實向星入囚宜否修理諸端。茲限篇幅。不克備述。查閱沈氏玄空學第一冊取用可耳。舉二例如次。其餘各運打刼諸局。具載編末山向趨吉避凶簡明表中。

例四運壬山丙向離宮打刼

丙向

八九 三	四四 八	六二 一
七一 二	九八 四	二六 六
三五 七	五三 九	一七 五

壬山

挨星震二乾五離八。合二五八三般卦。山上飛星乾一離四震七。向上飛星震一離四乾七。各合一四七三般卦。向首令星雙四同到。

例四運午山子向坎宮打刼

五三 一
一七 六
九八 五

挨星巽三兌六坎九。合三六九三般卦。山上

午山

七一三	三五八
六二二	八九四
二六七	四四九

子向　飛星。兌一坎四巽七。向上飛星。巽一坎四兌七。各合一四七二般卦。向首令星双四同到。

反吟伏吟

書云。反吟伏吟。泣涕漣漣。又云。反吟伏吟禍難當。故反吟伏吟。實較上山下水尤凶。犯之者主家破人亡。造葬於此。切宜注意。何謂反吟。即對宮所犯也。如一白入中。五黃到離。到離之五黃。雖非坎之壬子癸。而實司壬子癸之氣。是五黃臨離。即爲壬子癸臨離。故曰在對宮所犯也。何謂伏吟。在本宮所犯也。如五黃入中。凡屬順行者。九星各伏本卦。即六到乾、七到兌、八到艮、九到離、一到坎、二到坤、三到震、四到巽是也。故曰在本宮所犯也。又有一二宮犯伏吟者。該宮山水虛實得宜。亦不爲禍。如果山上飛星既犯伏吟。而又有凶沙高壓。向上飛星既犯伏吟。而又有惡水冲射。則視卦氣屬何公位。何房必受禍矣。愼之愼之。予曾見本四運癸酉年。某地師爲休寧西鄉戚姓扦一巳山亥向地。面前大河水光照穴。向星犯反伏吟。清明前下葬。六十日滿傷一子。癸酉年終。父子四人均亡。竟絕。伏吟之禍。酷速如是。可不懼哉。

墓宅發禍。以犯反伏吟爲最速最烈。卽使龍眞穴的。局勢和平。穴上不見明水放光。亦難免禍。不過稍緩而已。如果形巒高迫。向水照穴。縱使龍眞穴的。亦立見家破人亡。甚至絕嗣。故凡山向飛星遇五入中順行者。全局犯反伏吟。卽八宮宮宮伏吟。滿盤凶氣。一觸卽發。是以凶禍立見。所謂地不絕而向絕之。卽指此也。僅有一二宮犯伏吟者。係因山向飛星逆行所致。如一入中逆行。伏吟在震。二入中逆行。伏吟在艮。三入中逆行。伏吟在巽。四入中在離。六入中在坎。七入中在乾。八入中在坤。九入中在兌。此卽山向飛星與地盤之卦成伏吟也。又有山向飛星與天盤之卦成伏吟者。如四運午山子向。向星九入中。逆行二到震。震方天盤挨二。向星之二飛伏於天盤之二上。亦謂之伏吟。其他類推。總之一二宮犯伏吟。是常有事。如遇向星犯伏吟。祇要該方有水圍夾。或氣空不閉塞不通。則吉。若有凶水冲射。或不通氣則凶。又遇山星犯伏吟。祇要該方山形方圓有情則吉。山形探頭斜竄則凶。故山向二字。須分得清。不可以向斷山。以山斷向。所謂山管山水管水也。

父母子息

天玉經江東、江西、南北三卦。即論父母子息之三大卦也。江東一卦。爲地元逆子一卦。甲庚壬丙辰戌丑未屬之。此八字左不可以兼天元。（陰陽差錯）右不可以兼人元。（兼則出卦）故曰八神四個一也。江西一卦。爲天元父母兼人元順子之二卦。即天元之子午卯酉乾坤艮巽父母一卦。與人元之乙辛丁癸寅申巳亥順子一卦。此二卦子癸、午丁、卯酉、乙辛、乾亥、巽巳、艮寅、坤申。其陰陽皆一路相同。故曰八神四個二也。南北一卦。爲八卦中爻之天元父母一卦。此卦廣大兼容包含三卦之用。故曰端的應無差也。括而言之。八卦中爻之子午卯酉乾坤艮巽。爲天元父母一卦。偏爻之甲庚壬丙辰戌丑未。爲地元逆子一卦。又偏爻之乙辛丁癸寅申巳亥。爲人元順子一卦。因其順逆不同行。故有可兼不可兼之別。可兼者子可兼癸。（天元兼人元）不可兼者子不可兼壬。（雖天元廣大兼容包含三卦之用、究犯差錯。故父母又以不兼逆子爲是）各卦皆然。然子午卯酉乾坤艮巽。雖可以兼乙辛丁癸寅申巳亥。而乙辛丁癸寅申巳亥。却又不可去兼子午卯酉乾坤艮巽。以父母可兼子息。而子息不宜兼父母也。若辰戌丑未四支之地元龍。固不可混入人元爲用。（犯出卦）而辰戌丑未山向。有天元乾坤艮巽之水來去。又爲可用。緣乾坤艮巽爲辰戌丑未之父母。又爲夫婦宗也。而子午卯酉却又不可去兼甲庚壬丙。以父母不可去兼逆子。惟逆子可去兼父母耳。

江莘農師案溫明遠續解云。如一運以坎爲旺。坤震爲同元一氣。是爲兄弟。坎之中爻爲父母。邊爻壬癸爲子息。坤震卦內之邊爻爲兄弟之子息。來山來水。要與父母陰陽一氣。純而不雜。山龍來脉。以主山入首處爲父母。八方之星辰爲子息。水龍來脉不一。以照穴有情權力獨勝之水爲父母。八方之枝浜小水爲子息。如子午兼癸丁之向。坤震卦內。

（山向飛星之坤震）亦要收申乙子息之爻神。不可離未甲地元子息之氣。水之來路雖多。總要一二三吉之氣。三吉之中。又要分清天地人三卦之純一不雜。若一雜出元。非惟挨排之玄空五行不能生。而且受剋無疑矣。所謂父母子息者。非定位坎坤震之一二三吉。乃玄空流行排出之父母子息也。參觀圖說自明。

例一運艮坤兼寅申 偏寅申一二分

坤向兼申

三°八 九	八三° 五	一°一° 七
二°九 八	四七 一	六五 三
七四 四	九二° 六	五六 二

艮山兼寅

山上飛星。坎一旺氣到坤。坤二生氣到卯。震三生氣到巽。向上飛星。坎一旺氣到坤。坤二生氣到子。震三生氣到午。是爲玄空流行排出之一二三吉。今既兼人元之寅申。則坤方飛到之坎一旺氣。實包含有人元癸之爻神宜收坤卦人元申方之山水不可雜坤卦地元未方之山水推之卯方巽方亦宜收人元乙方巳方之山不可雜地元甲方辰方之山又子方午方亦宜收人元癸方丁方之水不可雜地元壬方丙方之水斯乃純一不雜

例一運子午兼癸丁 偏癸丁一二分

午向兼丁

五六 九	一一 五	三八 七
四七 八	六五 一	八三 三
九二 四	二九 六	七四 二

子山兼癸

山上飛星坎一旺氣到午坤二生氣到子震三生氣到坤向上飛星坎一旺氣到午坤二生氣到艮震三生氣到酉是爲玄空流行排出之一元三吉今既兼人元之癸丁則午方飛到之坎一旺氣實包含有人元癸之爻神宜收離卦人元丁方之山水不可雜離卦

地元丙方之山水。推之子方坤方。亦宜收人元癸方申方之山。不可雜地元壬方未方之山。又艮方酉方。亦宜收人元寅方辛方之水。不可雜地元丑方庚方之水。斯乃純一不雜。

三般卦

三般卦。有三般卦、父母三般卦、天地父母三般卦之、別。何謂三般卦。即一二三、二三四、三四五、四五六、五六七、六七八、七八九、八九一、九一二是也。何謂父母三般卦。卽經四位起父母之江東江西南北三卦也。經四位者。自一至四爲經四位。自四至七亦經四位。自七至一又經四位。故有一四七之父母三般卦。二五八、三六九之父母三般卦。同一理也。何謂天地父母三般卦。卽各元運之挨星飛星三卦也。挨星爲父母卦。向上飛星爲天卦。山上飛星爲地卦。故曰天地父母三般卦也。

全局合三般卦

天玉經曰。識得父母三般卦。便是眞神路。北斗七星去打刼。離宮要相合。此指乾離震三宮之挨星飛星要分別合得一四七、二五八、三六九之父母三般卦也而全局合三般卦使又不同即九宮各本宮之挨星飛星要各自合得一四七二五八三六九之父母三般卦是已父母三般卦之妙用在能貫通上中下三元之氣使天地陰陽之化機隨時孕育生生不已而上山下水反伏吟皆受卦氣之潛移默化而不致爲凶玄空之理奧妙如是易之用其大矣哉茲舉實例爲證某姓二運葬其祖寅山申向犯上山下水反伏吟得全局合三般卦葬後大發財丁爲一族冠又陸姓二運造宅坤山艮向犯上山下水反伏吟得全局合三般卦陸氏子孫興旺置田二千畝皆事實也明圖於次

某姓祖墓二運寅山申向

申向

三 九六	五 二八
八 五二	一 七四
四 一七	九 六三

四七／一
三六／九
八二／五

寅山

陸姓宅二運坤山艮向

坤山

七四／一	三九／六	五二／八
六三／九	八五／二	一七／四
二八／五	四一／七	九六／三

艮向

附註　本四運之丑未、未丑兩向，全局合三般卦又不犯反伏吟，最吉。全局合三般卦諸局，均犯上山下水，又多犯反伏吟，如果坐水朝實，八宮山勢平和，水亦安靜，更吉。

全局合十

後天洛書八卦爲玄空往來致用之卦，其所以能往來能致用者，因坎一離九對待合十也，震三兌七對待合十也，坤二艮八對待合十也，巽四乾六對待合十也，惟其合十，乃通中五戊己之氣，而萬物生焉，萬物育焉。生生育育。而變化無窮焉。老子號中五爲玄牝之門。其中神妙。誠令人有不可思議者矣。是以墓宅之山向挨星飛星得滿盤合十者。則八宮卦氣。均與中五相通。卽藉中宮戊己之力。陰陽二氣。互爲交感化育無窮。而丁財自然鼎盛矣。故山向星盤滿盤合十爲最吉。僅中宮與山或向合十者。亦得吉徵。明圖於次。

孔子云。五十以學易。可以無大過矣。細玩以字。似上文五十二字。難作卒字解。蓋易之數。五與十之數也。明得五與十之數。以學易則吉凶消長之理。瞭然於心。自可以無大過矣。附此以質高明。

例四運甲山庚向

中宮四六合十。乾宮五五合十。兌宮四六合十。他宮類推均合十。此卽挨星與向上飛星合十也。

庚向

九　五　一

四　九　六

五　一　五

三七／三	七二／八
四八／二（甲山）	二六／四
八三／七	六一／九

例四運庚山甲向

七三／三	二七／八	九五／一
八四／二（甲向）	六二／四	四九／六（庚山）
三八／七	一六／九	五一／五

中宮四六合十。乾宮五五合十。他宮類推均合十。此即挨星與山上飛星合十也。

例四運卯山酉向

一五 三	六一 八	八三 一
卯山 九四 二	二六 四	四八 六 酉向
五九 七	七二 九	三七 五

中宮四六合十。向首四六合十。乾宮飛星三七亦合十。雖上山下水。吉足抵凶。

例四運酉山卯向

五一 三	一六 八	三八 一
卯向 四九 二	六二 四	八四 六 酉山
九五 七	二七 九	七三 五

中宮四六合十。坐山四六合十。乾宮飛星三七亦合十。雖上山下水。吉足抵凶。

乾山乾向乾水乾峰

辨正乾山乾向水朝乾乾峰出狀元一節。讀者每難索解。既立乾山。便無乾向。若立乾向。便無乾山。更何有乾水乾峰耶。不知此所謂乾非二十四山呆方位之乾。乃玄空當令之氣活活潑潑之乾也。如六運艮山坤向。挨星九到山。三到向。均爲陰星。入中逆飛。山之令星六到山。即乾山也。向之令星六到向。即乾向也。水口在午。挨一爲陰。入中逆飛。六又到午。即乾水也。秀峰在乾。挨七亦陰。入中逆飛。六又到乾。即乾峰也。八卦乾爲首。六白爲官星。生旺爲文秀。爲榜首。故曰乾山乾向水朝乾乾峰出狀元也。明圖於次。他如坤山坤向水坤流等。照此類推。辨正特舉中爻天元四卦爲例。其實二十四山莫不皆然。

例六運艮山坤向

坤向	
三 六8 三（乾六到向）	八 五一
一 七八	三 九六
二 八七	七 四二

坤向	午水口
四 三	六8 一（乾六到水口）
八 八	一 六
九 七	五 一

坤向	
一 三	三 一
五 八	七 六
六8 七（乾六到秀峰）	二 二

四五一　五四二　九九六 艮山 乾六到山　二五　三四　七九 艮山　八五　九四　四九 艮山

地吉葬凶

經曰。地吉葬凶。與棄尸同。此何謂也。地既吉矣。則堂局之完美。砂水之有情。龍穴之真的。已不問可知。而云葬凶者。豈葬法之未合歟。抑犯凶煞之故歟。皆非也。昔公劉遷豳。曰相其陰陽。觀其流泉。子思子曰。上律天時。下襲水土。夫曰相陰陽。曰律天時。是相陰陽之是否交媾。律天時之是否乘旺。求其得於天者。處處相合。然後人丁富貴。始得而徵驗於地焉。約而言之。即察三元運之旺衰。趨其生旺。避其衰死是已。否則陰陽交戰。天時乖戾。求吉反凶。故與棄尸同也。譬如有地於此。土質肥沃。於稻最宜。倘不察其陰陽消息之化機。乖乎天時寒暑之氣候。播稻於金寒水冷秋冬之際。其不生不殖。顆粒無收也宜矣。是以古來多少吉壤。甲葬之而傷丁退財。凶禍立見。遷葬既久。乙再葬之。竟反大發財丁。綿延世澤。此理不關地道。實有流行之天運主持其間。運旺則興。運衰則敗應如桴鼓。不少假借者也。舉一二實例於左。以資比較。

徐姓祖墓　癸山丁向　四運扦葬。地吉葬凶。

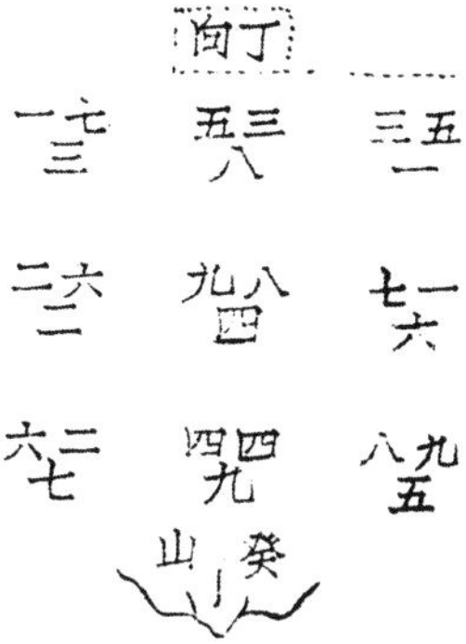

此地坎龍三台落脈。未坤方有水。流入離方。

離方有湖。穴前不見湖面。其湖收小如鏡。仲

山曰。此墳四運葬後。大敗財源。六運用原向

坿葬。發科甲。四運葬而敗者。不得其時。吉地亦凶。由退神管向也。

六運葬而發者。由進神管向也。按四運運星八到向。四木剋八土。

故爲退神。六運運星一　到向。六金生一　水。故爲進神。

前墳六運附葬。地吉葬吉。

沈註。四運中立此向。雖形巒甚矣。而水裏龍

神上山故大敗財源六運坤葬旺星到向向上之湖又得一六同宮天玉經云紫微同八武秘旨云驅車朝北闕時聞丹詔頻來所以發科甲也

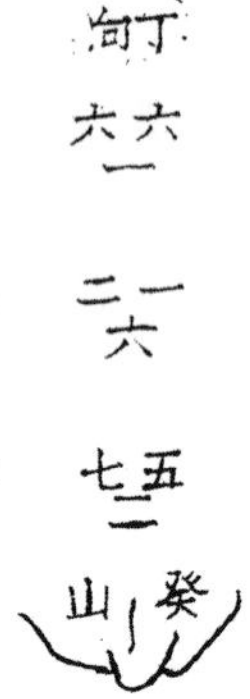

坐向空實

墓宅有坐實朝空坐空朝實二者直來直受順局大概坐實朝空迴龍顧祖逆局大概坐空朝實坐實朝空之局要合得旺山旺向或令星同到向首不可犯上山下水令星同到坐山坐空朝實之局反宜上山下水令星同到坐山又不可貪旺山旺向或令星同到向首全憑作者隨地取裁變化用法明乎法中神乎法外斯不誤矣旺山旺向雖吉而有時亦不吉而凶上山下水固凶而有時反不凶而吉總在體與用空與實各得其宜耳

移步換形

點穴定向。要識得移步換形之奧。然後所點之穴始的。所立之向始合。因龍與穴必經四位。向與水口亦必經四位也。此竅一破。點穴定向。並非難事。但移步向前退後。趨左趨右。以變換有形可據之山水方位。配合之而收歸一卦清純。不雜他卦。便得穴之所在矣。形之最要者。爲來龍入首之處。八方來去水口之方。此三者於穴未點定之一片塲所。用羅經前後左右移步細格。至移步於某處。如格得龍之入首來去水口三者。恰同在天元之子午卯酉乾坤艮巽八個字上。則此時吾足所立之地。即穴之所在也。穴既點定。龍之入首來去水口。既在天元卦內。自應立天元之山向無疑。若誤立人元或地元山向。則龍水不合。凶禍不免。推之如龍之入首來去水口三者。恰同在人元卦內。又須立人元山向。不可誤立天元或地元山向。又如龍之入首來去水口三者。恰同在地元卦內。又須立地元山向。不可誤立天元或人元山向。又無疑矣。故能明移步換形之奧。則點穴之法得。立向之法亦得。平洋如是。山龍亦然。苟步既移。形既換。而龍之入首來去水口三者總不能同歸一卦則此處無穴可點。不必枉費心眼。棄之可也。人謂認龍易。點穴難。吾謂點穴易。認龍難。識者以爲然否。

體用並重

巒頭體也。理氣用也。先天陰陽對待立體之卦體也。後天玄空往來致用之卦用也。體無用不靈。用無體不驗。然必體立而後用行。倘得體而不得用。猶播種不得其時。雖土質肥沃。斷無發生之理。若得用而不得體。又如瓦礫之場。雖陽春滿地。亦不堪栽植也。

四一同宮

紫白訣曰。四一同宮。準發科名之顯。蓋四爲文昌。一爲官星。二星會合發貴何疑。惟發貴之大小。又須視四一同到之宮。山峰水光如何而定。如水光照穴。高峰聳秀。得此四一同宮。（不論向首旁宮同斷）必發大貴。倘有水無峰。或有峰無水。僅發小貴而已。若無水無峰。而又閉塞不通。則小貴或不可得。其應驗年月。必在四一加臨之年月也。沈先生在一運中。相友人宅與房。均不吉。囑移臥床。取一四同到床位。果兩月

後得處州太守一四同宮如此奇驗欲催官貴盍於此加之意焉然一四生旺固是如此若失運失時則主淫亂又宜注意

九七合轍

紫白訣曰九七合轍常招回祿之災蓋九爲後天火星七乃先天火數二火合熾動則生殃故凡宅墓二火同到之宮最要和平安靜切不可有凶惡砂水與鐘樓鼓閣亭塔窯廠諸煞氣且住宅於九七同到之宮尤不可開門通路安灶等等以助動其勢焰倘不加意或流年五黃廉貞飛到或戊己都天加臨或三四木到生火或九七又到助火則群醜交會屋宇成灰可不慎哉又失令時或主花酒勞瘵離爲目爲喜兌爲悅爲少女皆陰神也

二五交加

紫白訣曰二五交加罹死亡並生疾病蓋二黑在一二運爲天醫雖有療病之象而在其餘各運皆爲病符均爲致病之星五黃爲廉貞爲正煞其性毒當旺雖不忌在失運時則毒性肆虐有瘟疫惡瘡之應且坤

爲老母爲腹五爲腹血一二五同到每主宅母腹病孕婦難產此大槪也然二運丑向又爲巨入艮坤田連阡陌而自庫樂長春矣

三七叠至

紫白訣曰三七叠至被刼盜更見官災蓋三碧爲蚩尤性好鬥爭七赤爲破軍性主肅殺且三性毅而七性剛皆不可尅制又三七失運均爲賊星叠至則木金相尅故有刼盜官災之應然旺龍旺向又爲震庚會局文臣而兼武將之權矣震爲文士庚武爵也

六九同到

玄空秘旨云火燒天而張牙相鬥家生罵父之兒蓋六爲乾爲金爲天門爲老父九爲離爲火金受火尅名火燒天門又有張牙不遜之形勢故生逆子失元必應若旺龍旺向則爲丁丙朝乾貴客而有耆耄之壽矣又失令時或主肺病吐血乾爲肺離火色紅也

四二交會

玄空秘旨云風行地而硬直難當室有欺姑之婦蓋二爲坤爲地爲老

母。如姑。四爲巽。爲風爲長女。如婦。坤土被巽木來尅。又有硬直砂水冲射。故出欺姑之婦。坤土失令必應當令又減等矣。又主脾腹病。坤爲腹脾。屬爲土也。

禍福驗期

凡墓宅發福發禍。確有一定時期。時期維何。即逢合逢值逢冲之年月。或紫白加臨之年月也。吉凶大事。應驗如神。反推之。可用吉凶之應驗年月。去證明墓宅之吉凶安危。亦一善法也。

陽宅與厝基

陽宅重在門路。厝基重在向水。只收天氣。全憑理氣作用得法。而於龍脉可置勿論。非不重也。勢使然也。如大江大湖之旁。陽居所在。多由泥沙冲積而成。山谷平洋之中。浮厝之地。多是依水就局而作。以言龍脉絲毫無據。然合時合運。山水品配得法。往往發財甚速。亦可添丁。此爲楊公救貧法也。至衰敗運。立見咎徵。故陽宅於失運時。又須改門修路。以迎生旺之吉氣。厝基於失運時。又須遷移改向。以避向水之煞氣。但厝雖能救貧。當旺只一小運僅二十年。而先人骨殖入土爲安。總宜早葬爲是。又平洋水鄉。多用磚槨浮葬。亦是多收天氣少納地氣之法。如遇局勢完美氣脉欠眞。又無他處可葬。亦可取法於此

陽宅看法

陽宅門爲氣口。以路引氣入室。其挨星重在向上飛星。山上飛星次之。門之向星要旺。路之來處要得向星之生氣或二吉五吉到宮。看法分總門、大門、內門、及正廳、客廳、臥房、廚房等等。就門論門。就間論間。分別定向盤理。各別先看總門。以羅經安門門上。格定坐向。依法挨星飛星。視向首向上飛星。當旺則吉。衰死則凶。來路之方。得向上飛星生氣或合二吉五吉則吉。不合則凶。其他水口高峰樓台橋梁之類。亦宜落在生旺之宮。或二吉五吉之宮。此在宅外諸端。有關禍福。宜於總門上定其吉凶者也。（若大門卽爲總門同看）次看大門。以羅經安門門上。格定坐向。依法挨飛本門山向星盤。祇要向首乘旺。入氣之總門方。得生氣或二吉五吉則吉。向首及總門方。得衰死氣則凶。宅外山水諸端。

概可不問。因有總門統攝之也。再看內門。以羅經安門門上。格定坐向。依法挨飛本門山向星盤。亦祗論向首與大門來路之生旺衰死。以判吉凶。大門以外諸端。又不生關係矣。他如房門窗門以及諸般門路與通宅外後門。分別門之是在宅內。抑通宅外。依法看之。然後於正廳脊下之中宮。安定羅經。格定坐向。以中宮之坐向。依法挨星飛星。再看入中宮之門路生旺衰死。又分別看其他廳屋卧房廚房之生旺衰死。則全宅之吉凶。瞭如指掌矣。茲舉五運四正坐向爲例。繪圖分別說明於次。

漢鏡齋堪輿小識

五運陽宅平面圖

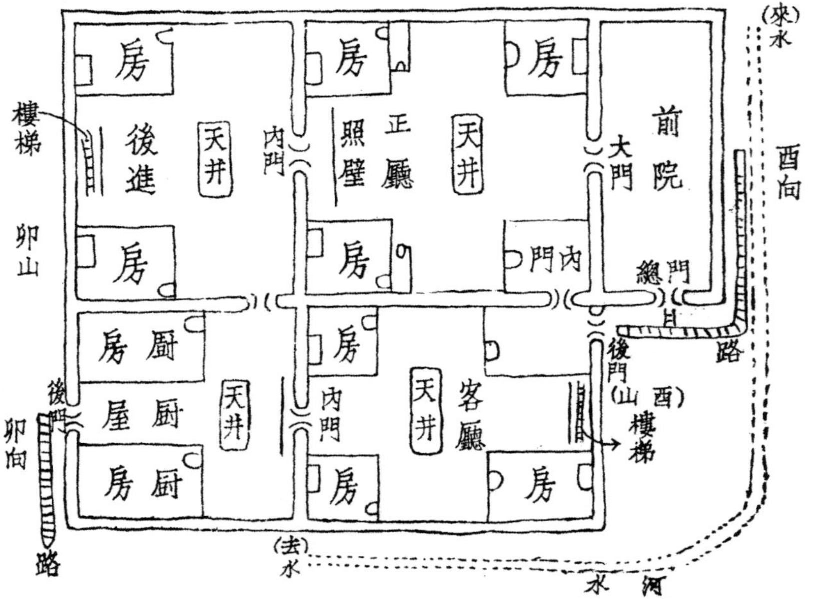

房
樓梯
後進
天井
卯山
內門
照壁
正廳
前院
大門
門內
總門
西向
(來)水
路
房廚
後門
屋廚
卯向
內門
客廳
後門(山西)
樓梯
(去)水
河水

總門坐午向子

午

一 二 四	五 六 九	三 四 二
二 三 三	九 一 五	七 八° 七
六 七 八	四 五: 一	八 九° 六

子

大門坐卯向酉

	四 八 四	八 三 九	六 一 二	
卯	五 九 三	三 七 五	一 五: 七	酉
	九 四 八	七 二 一	二 六: 六	

總門向星與向上河水均得五旺氣。路與水由兌乾來得八九五吉之氣。

大門向星五到。得旺氣。總門在大門之乾方。生氣六八到。

正廳入後進內門坐卯向酉

四 八 四	八 三 九	六 一 二
卯 五 九 三	三 七 五	一 五 七 酉
九 四 八	七 二 一	二 六 六

此內門旺星到向。大門在內門之旺氣方。入客廳內門。又在此內門之生氣方。

客廳通廚屋內門坐酉向卯

八 四 四	三 八 九	一 六 二
卯 九 五 三	七 三 五	五 一 七 酉
四 九 八	二 七 一	六 二 六

此內門坐旺向旺。客廳坤方內門及後門。得六生氣。通後進離方內門。得八白五吉之氣。

正廳入客廳內門坐子向午

	午	
二 一 四	六 五 九	四 三 二
三 二 三	一 九 五	八 七 七
七 六 八	五 四 一	九 八 六
	子	

此內門旺星到向。後進內門。在此內門之巽方。得一白五吉之氣。大門仍在此內門之離卦中。兼收旺氣。若此內門開於正廳之右廂中。則大門正當坤宮二三之死氣。不吉。

後進入厨屋內門坐子向午

午	
六 五 九	四 三 二
一 九 五	八 七 七
五 四 一	九 八 六
子	

此內門坐旺向旺。又後進西方內門。仍在離卦之中。兼收旺氣。勿使偏入坤宮。致犯二之

二一四　三二三　七六八　死氣

客廳後門坐卯向酉

六一二　一五七　酉　二六六

此後門坐旺向旺。向首之水與路。均得旺氣。

八三九　三七五　七二一

正廳內門。在此後門巽方。得八白五吉。

四八四　卯　五九三　九四八

正廳中宮坐卯向酉　後進同

六一二　一五七　酉向　二六六

大門得向上旺氣。通客廳之內門。得向上生

八三九　三七五　七二一

氣。通後進之內門。得山上旺氣。

四 八 四	
五 九 三	卯山
九 四 八	

厨屋後門坐酉向卯

	八 四 四	三 八 九	一 六 二	
卯	九 五 三	七 三 五	五 一 七	酉
	四 九 八	二 七 一	六 二 六	

此後門坐旺向旺。路由艮來。得九紫五吉。通後進之內門。得六白生氣。

客廳中宮坐酉向卯 厨屋同

三 八 九	一 六 二	
七 三 五	五 一 七	酉山
二 七 一	六 二 六	

卯向內門。得向上旺氣。坤方內門後門。得向上生氣。

四 五 九
八四 九三 四八
卯向

附註

艮巽二宮房內臥床。坐卯向酉。乾坤二宮房內臥床。坐酉向卯。房門照圖中所標記號開之。

巽宮廚房灶位。安本間之巽方。火門向東北艮方。艮宮廚房灶位。安本間之艮方。火門向東南巽方。列圖於左。

就間論間附房門床位例

就間論間。爲看陽宅一種簡要方法。而吾人常住之間。卽以此間坐向之挨星飛星論斷吉凶休咎亦極應驗其門路之屬吉屬凶一如前款諸挨星圖看法茲更以住房言之住房以床爲中宮房門爲氣口以羅經安於床上格定坐向及房門所在之宮床位要四一同到再合生旺更吉房門要向上之生氣到次之得向上之三吉五吉到切不可有向上衰死之氣飛到如四運辰山戌向之宅床之坐向亦辰戌床位既無四一又無旺氣左房房門在壬九到平平右房房門在庚二到不吉今移床位左房之床坐未向丑房門改開甲方右房之床坐丑向未房門改開丙方則卦氣一變四一各到床位又得四綠旺氣房門各得向上五之生氣此移宮換宿法也就間論間變易卦氣此法最妙又左房挨星二到甲爲陰入中逆飛旺氣四到房門右房挨星八到丙亦陰入中逆飛旺氣四亦到房門

左房床位坐未向丑　右房床位坐丑向未

戌向
八
九一
三
五六
四
四五

未
四
七一
九
三六
八
二五

未
七
四一
三
九六
二
八五

二六 三 辰山	七一 八
一七 二	三五 四
六二 七	八九 九

九六 三	五二 八
八五。 二 甲方房門	一七 四
四一 七 丑	六三 九

六九 三	二五。 八 丙方房門
五八 二	七一 四
一四 七 丑	三六 九

竈位與火門

竈爲一家之主。古者列爲五祀之一。其重視槪可知矣。但竈安何宮。火門向何方。亦有宜忌。不可不知。茲舉六運子山午向陽宅安竈宜忌以例其餘。是宅竈位宜安震宮。火門宜向西方。（卽向正西）木生火火生土也。又宜安在兌宮。火門向卯。（卽向正東）火生土木生火也。又宜安在坤宮火門向卯。（卽向正東）火生土木生火也。又宜安在坤宮。火門向卯。（卽向正東）木生火火生土也。若巽方是宅之病符。（卽二黑）坎方是宅之五黃均宜避忌。如火門向艮是火剋兌金主口舌。有肺病血症。如火門向離名火燒天主出逆子。又九七同到之宮。切不可安竈火門亦不可向此宮。犯之定主火災。其餘諸宅。依此類推。

例六運子山午向陽宅

午向

一二 五	六六 一	八四 三
九三 四	二一 六	四八 八
五七 九	七五 二	三九 七

子山

男女命宮

男女命宮。原本紫白。故命宮與玄空。實有密切之關係焉。墓宅九宮飛星。如墓之坐向中宮。（旁宮減等）宅之門灶床位。恰值飛星相剋其受剋之飛星。即爲男女命宮之星。此人便有不利。再值年月紫白飛到該宮。剋星加臨。凶禍不免。茲附男女命宮推定方法。并舉實例說明如

次

推定男女命宮歌

男命宮星論甲子。逆輪九星週復始。一上四中七下元。水命一白火九紫。

例如上元甲子年生人。屬一白水命。乙丑年生人。屬九紫火命。（逆輪九星）丙寅年生人。屬八白土命。丁卯年生人。屬七赤金金。逆輪至癸酉年生人。又屬一白水命週而復始照此類推中元甲子生人屬四綠木命。乙丑年生人。屬三碧木命。餘逆輪照推。下元甲子年生人屬七赤金命。乙丑年生人。屬六白金命。餘逆輪照推

女命宮星論甲子。順輪九星週復始。五上二中八下元。土命八白火九紫。

例如下元甲子年生人。屬八白土命。乙丑年生人。屬有紫火命。（順輪九星）丙寅年生人屬一白水命順輪至癸酉年生人。又屬八白土命。週而復始。照此類推。中元甲子年生人。屬二黑土命。乙

丑年生人。屬三碧木命。餘順輪照推。上元甲子年生人。屬五黃土命。乙丑年生人。屬六白金命。餘順輪照推。

實例

(一)婺城西門外韓村坦汪禮師祖墓。七運坤山艮向。乾兌坤三宮大河。八九運大發財丁。九運中誤信地師云有水蟻。開看見茜根(俗稱紫金籐)裹棺而止。由是七運卦氣一變而為九運卦氣。中宮坐山金木相剋。向星又不得地。(向無明水)坐山死氣六八臨大河。次年財大退。傷丁至十二人。屬三碧命者竟八人。此命宮受剋之驗也。明圖如次。

七運坤山艮向

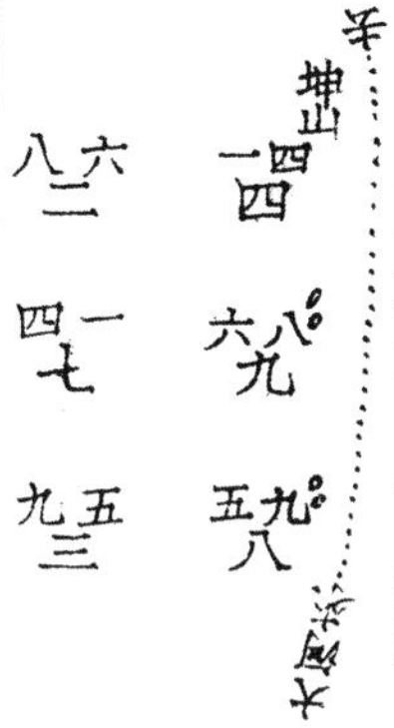

九運開看後坤山艮向

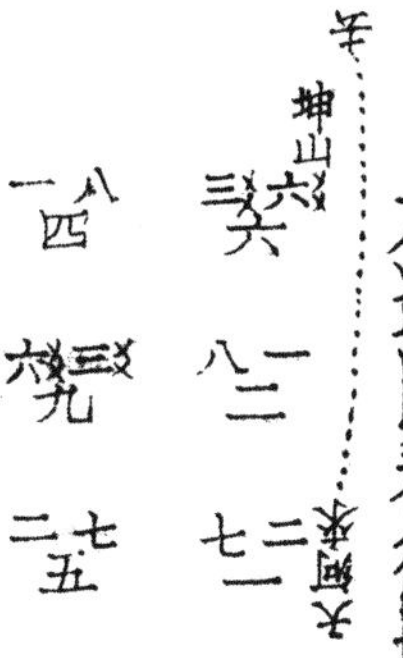

中宮坐山。均六白

金剋三碧水。

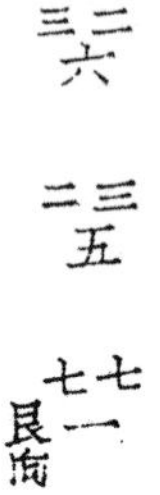

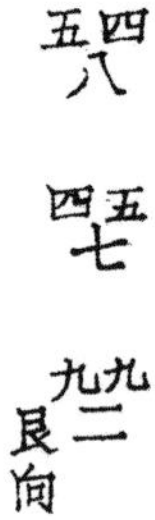

(二)某宅三運子山午向。離方大門常閉。出入均走震方門。門星九火剋六金床安乾宮之乾方。亦是火金相剋。且犯伏吟。宅主上元戌辰年生屬六白金命。乾爲老父。亦屬宅主。住後多病。幾危殆。勸開離門。塞震門。後門改在艮方。床移至乾宮艮方。房門開巽方。不久病愈。明圖於次。

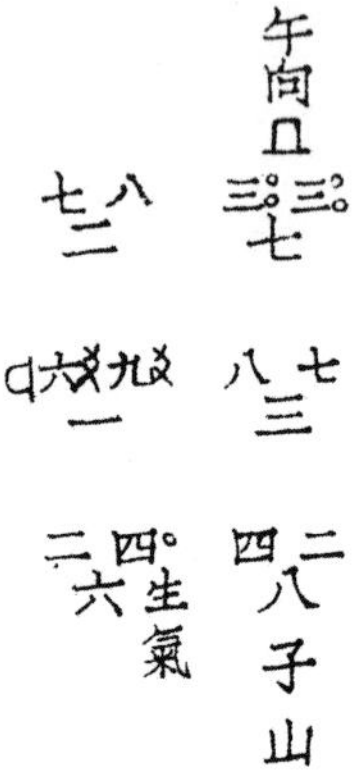

男女命宮檢查表

年庚	上元男	上元女	中元男	中元女	下元男	下元女
甲子	一	五	四	二	七	八
乙丑	九	六	三	三	六	九
丙寅	八	七	二	四	五	一
丁卯	七	八	一	五	四	二
戊辰	六	九	九	六	三	三
己巳	五	一	八	七	二	四
庚午	四	二	七	八	一	五
辛未	三	三	六	九	九	六
壬申	二	四	五	一	八	七
癸酉	一	五	四	二	七	八
甲戌	九	六	三	三	六	九
乙亥	八	七	二	四	五	一
丙子	七	八	一	五	四	二
丁丑	六	九	九	六	三	三
戊寅	五	一	八	七	二	四
己卯	四	二	七	八	一	五
庚辰	三	三	六	九	九	六
辛巳	二	四	五	一	八	七
壬午	一	五	四	二	七	八
癸未	九	六	三	三	六	九
甲申	八	七	二	四	五	一
乙酉	七	八	一	五	四	二
丙戌	六	九	九	六	三	三
丁亥	五	一	八	七	二	四
戊子	四	二	七	八	一	五
己丑	三	三	六	九	九	六
庚寅	二	四	五	一	八	七
辛卯	一	五	四	二	七	八
壬辰	九	六	三	三	六	九
癸巳	八	七	二	四	五	一
甲午	七	八	一	五	四	二
乙未	六	九	九	六	三	三
丙申	五	一	八	七	二	四
丁酉	四	二	七	八	一	五
戊戌	三	三	六	九	九	六
己亥	二	四	五	一	八	七
庚子	一	五	四	二	七	八
辛丑	九	六	三	三	六	九
壬寅	八	七	二	四	五	一
癸卯	七	八	一	五	四	二
甲辰	六	九	九	六	三	三
乙巳	五	一	八	七	二	四
丙午	四	二	七	八	一	五
丁未	三	三	六	九	九	六
戊申	二	四	五	一	八	七
己酉	一	五	四	二	七	八
庚戌	九	六	三	三	六	九
辛亥	八	七	二	四	五	一
壬子	七	八	一	五	四	二
癸丑	六	九	九	六	三	三
甲寅	五	一	八	七	二	四
乙卯	四	二	七	八	一	五
丙辰	三	三	六	九	九	六
丁巳	二	四	五	一	八	七
戊午	一	五	四	二	七	八
己未	九	六	三	三	六	九
庚申	八	七	二	四	五	一
辛酉	七	八	一	五	四	二
壬戌	六	九	九	六	三	三
癸亥	五	一	八	七	二	四

附註　艮方門亦四木剋二土。但全宅無二黑命人。無碍。又宮星受剋。當旺無妨。衰死則凶。山上飛星受剋者尤凶。

玄空兼向用替卦十六局

三合家每喜兼向。（指兼二分。或兼三分以上言。兼向未過二分者。仍作正向論。）不知兼向本於玄理。須用替星。必使當元得令之旺氣到山到向。否則非犯出卦。即犯差錯。吉不全吉。凶則更凶。不可不慎。玄空用兼向者。必本山或向不旺。一作兼向。則坐山或向首入中之星。用替卦之星來代替。恰好旺星到山到向也。替卦即奧語坤壬乙、巨門從頭出一節。於二十四山已露其半。沈竹礽師更正蔣盤。已一一挨明於二十四山之下。兼向時取用可也。惟三元九運中。能兼向取得旺山旺向者。僅十六局。且均南北山向。分別明圖於下。並節錄替卦歌訣如左。

子癸並甲申。貪狼一路行。壬卯乙未坤。五位爲巨門。乾亥辰巽巳。連戌武曲名。酉辛丑艮丙。天星說破軍。寅午庚丁上。右弼四星臨。

三運子午兼壬丙二分或三分有奇　旺山旺向全局合十。

午兼丙

六八 二	三三 七	四一 九
五九 一	七七 三	九五 五
一四 六	三二 八	八六 四

子兼壬

子午係天元山向。向上之七即酉。爲陰逆飛。當旺。山之八即艮。爲陽順飛不旺。故山上用替卦。八既屬艮。爲陽。艮之替星爲七。故以替星七入中。順飛。三到山。則旺氣到山矣。分金坐坤之外爻二、一及甲子金。向乾之外爻六、及庚午土。若坐坤之內爻二。一適與復之外爻二一相見。犯伏吟。主多病。

三運子午兼癸丁三分或三分有奇　旺山旺向。全局合十。

午兼丁

六八 二	二三 七	四一 九
五九 一	七七 三	九五 五
一四 六	三二 八	八六 四

子兼癸

坐山之八。即艮。艮之替卦爲破。故七入中。艮爲陽。故順飛。　分金坐頤卦之外爻八（第六爻）及壬子木。向大過之外爻七。（第六爻）及戊午火。若坐先天復卦。適與後天復卦。內外兩爻均犯反伏吟。故避不用。

三運午子兼丙壬三分或二分有奇　旺山旺向全局合十。

	午兼丙	
八六 二	三二 七	一四 九
九五 一	七七 三	五九 五
四一 六	二三 八	六八 四
	子兼壬	

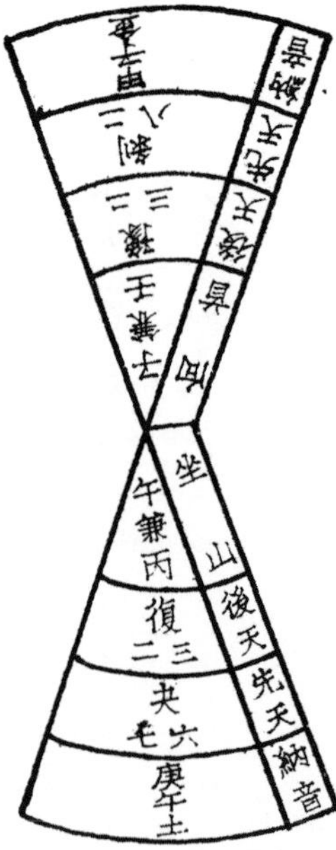

向首八用替星七八中順飛。　分金坐夬卦之外爻七、及庚午土。向剝卦之外爻八、及甲子金。　若向先天之坤二一。適與後天豫之外爻二一犯伏吟。

三運午子兼丁癸三分或二分有奇　旺山旺向。全局合十。

午兼丁

六 八 / 二	二 三 / 七	四 一 / 九
五 九 / 一	七 七 / 三	九 五 / 五
一 四 / 六	三 二 / 八	八 六 / 四

子兼癸

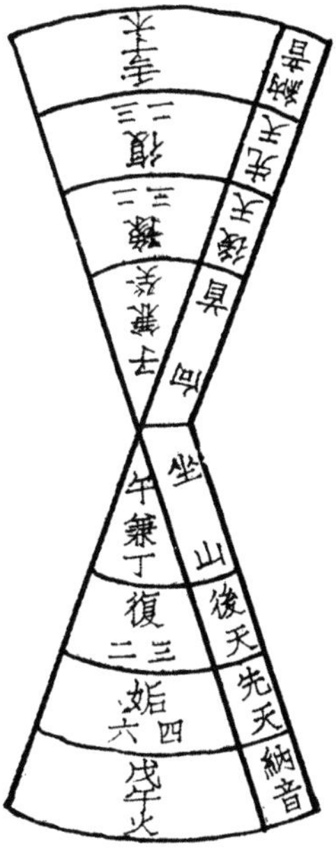

分金坐姤卦之外爻六及戊午火。向復之外爻二一及壬子木。向首先天複之坤二。後天豫之坤二。二排在左。一排在右。不犯伏吟。

替卦如前。

四運癸丁兼子午三分或三分有奇　旺山旺向。

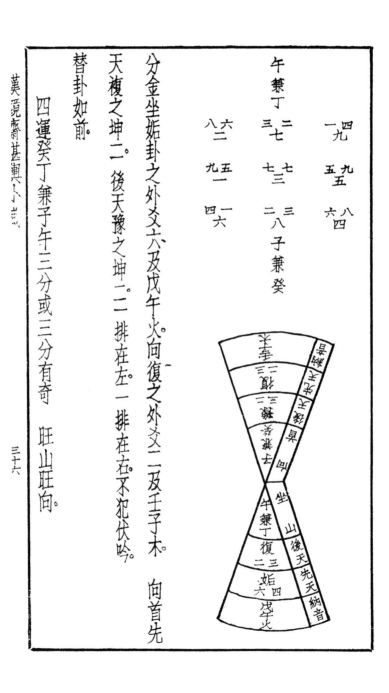

丁兼午

六 三一	四 五八	八 一三
二 七六	九 九四	七 二二
一 八五	五 四九	三 六七

癸兼子

向首八即寅。寅之替星爲九、屬陽。入中順飛。

分金坐屯之內爻三、及丙子水。向鼎之內爻四、及壬午木。

用替須兼至三分。向首四犯伏吟。無法避去。

四運癸丁兼丑未二三分或三二分有奇、　旺山旺向。

用替卦如前。

	丁兼未	
一 八 三	五 四 八	三 六 一
二 七 二	九 九 四	七 二 六
六 三 七	四 五 九	八 一 五
	癸兼丑	

分金坐益卦、及壬子木。向恒卦、及戊午火。

兼丑未三二分或二二分以上。而於向首或坐山先後天之反伏吟無法全避。

四運丁癸兼午子二二分或三二分有奇　旺山旺向

分金坐大過之內爻四、及壬午木。向頤卦之內爻二、及丙子水。

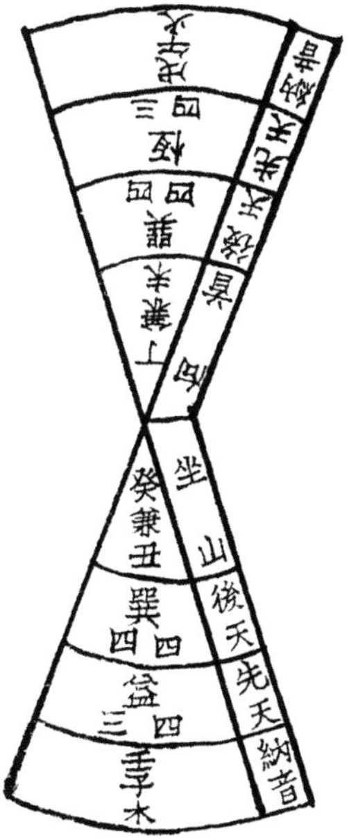

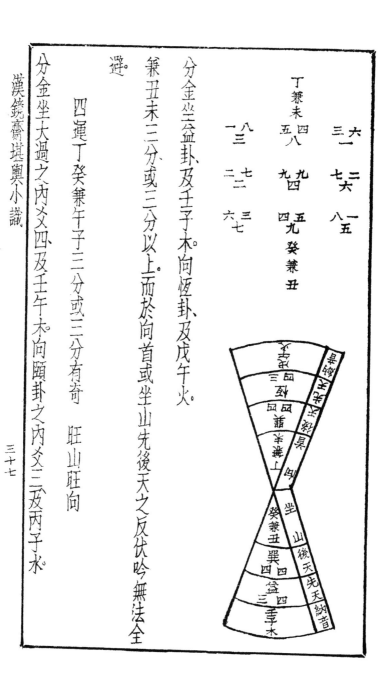

用替如前。　坐山巽四犯伏吟，無法避免。

丁兼午

三一六　七六二　八五一

五八四　九四九　四九五

一三八　二二七　六七三

癸兼子

四運丁癸兼未丑二二分或二二分有奇。　旺山旺向。

丁兼未

三一六　七六二　八五一

五八四　九四九　四九五

一三八　二二七　六七三

癸兼丑

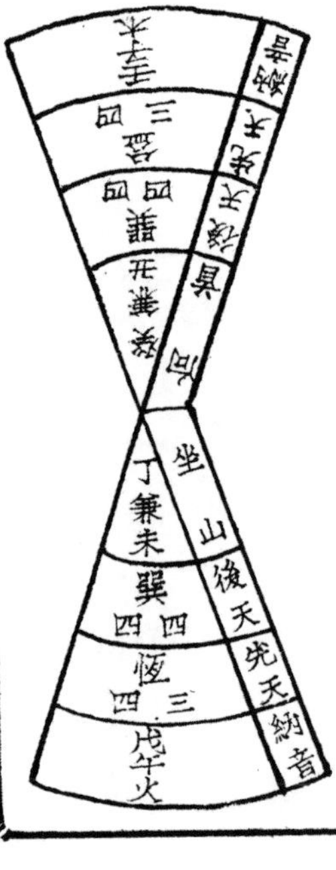

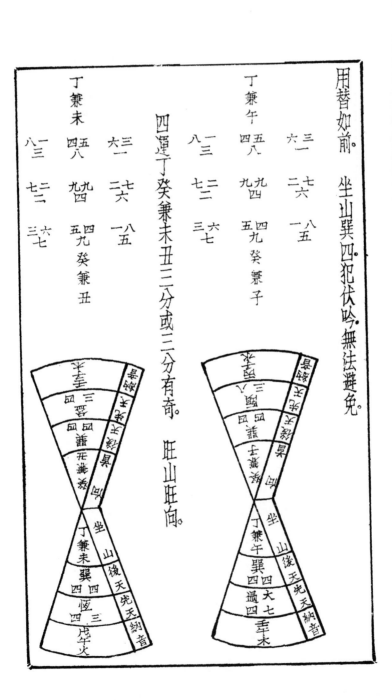

坐山向首巽四之反伏吟。無法全避。　分金坐恆卦及戊午火。向益卦及壬子木。　同替如前。

六運壬丙兼亥巳二三分或三二分有奇。　旺山旺向。

丙兼乙

三一 五	七六 一	五八 三
四九 四	二二 六	九四 八
八五 九	六七 二	一三 七

壬兼亥

向首一即壬爲陽。壬替巨。故以二入中順飛。　分金坐觀之外爻四、及丁亥土。向大壯之外爻三、及辛巳金。

六運壬丙兼子午三二分或二三分有奇。　旺山旺向。

丙兼午

五八三	九四八	一三七
七六一	二二六	六七二
三一五	四九四	八五九

壬兼子

分金坐剎之內爻二一及癸亥水向夬卦之內爻六八及丁巳七用替如前

六運癸丁兼子午三分或三分有奇　旺山旺向

丁兼午

七四三	三八八	二九七
五六一	一一六	六五二
九二五	八三四	四七九

癸兼子

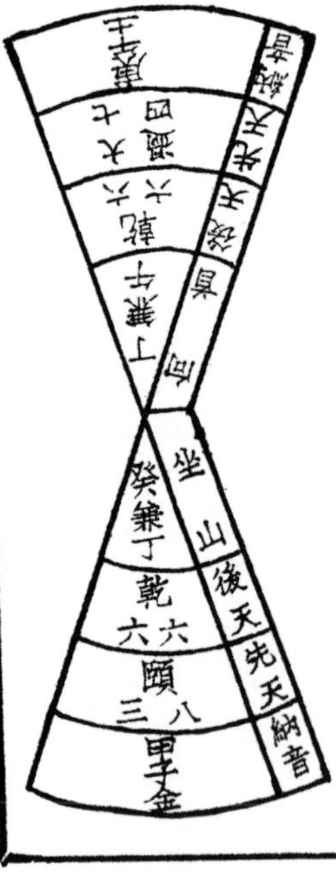

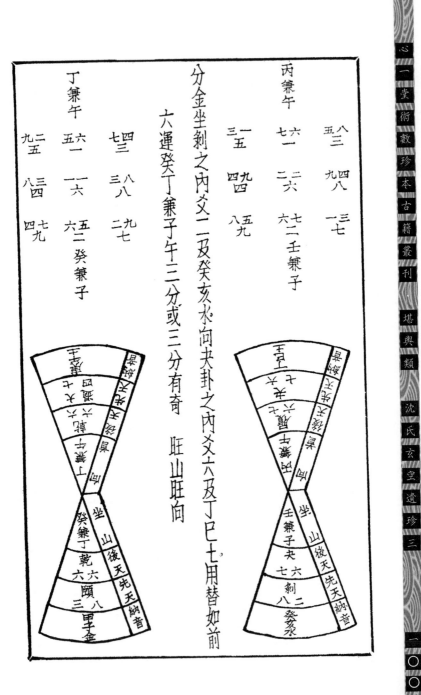

坐山之二爲中。屬陽。中挨貪爲。故一入中順飛。分金坐頤卦之二及甲子金。向大過之四、及庚午土、

六運癸丁兼丑未二一分或二一分有奇。旺山旺向。

丁兼未

九 二 五	五 六 一	七 四 三
八 三 四	一 一 六	三 八 八
四 七 九	六 五 二	二 九 七

癸兼丑

分金向恆之外爻三、及丙午水。坐益之外爻四、及庚子土。替卦如前。

六運丙壬兼巳亥二一分或二一分有奇。旺山旺向。

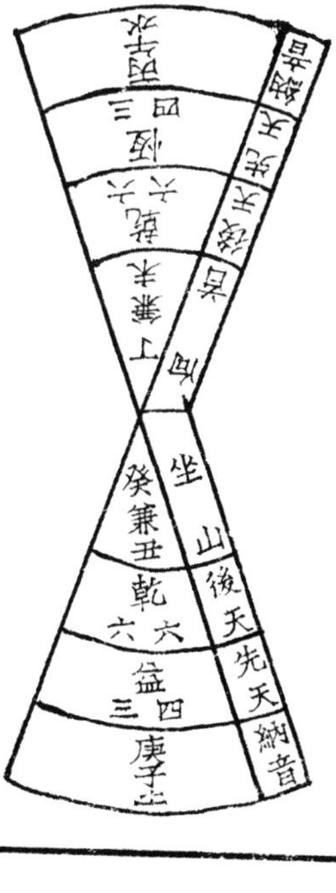

丙兼巳

一 三 五	六 七 一	八 五 三
九 四 四	二 二 六	四 九 八
五 八 九	七 六 二	三 一 七

壬兼亥

坐山之一即壬屬陽壬挨巨爲二。故二入中順飛。分金坐大壯之外爻三、及辛巳金向觀之外爻四、及丁亥土。大壯之內爻六與夬之內爻六。犯伏吟。不宜坐。

六運丙壬兼午子二分、或三分有奇。旺山旺向。

分金坐夬卦及丁巳土。向剝卦及癸亥水。用替如前。

丙兼午

八五三　四九八　三一七

六七一　二二六　七六二

一三五　九四四　五八九

壬兼子

坐山先後天內外卦爻均犯伏吟。無法避去。

六運丁癸兼午子三分或三分有奇。　旺山旺向。

丁兼午

四七三　八三八　九二七

六五一　一一六　五六二

二九五　三八四　七四九

癸兼子

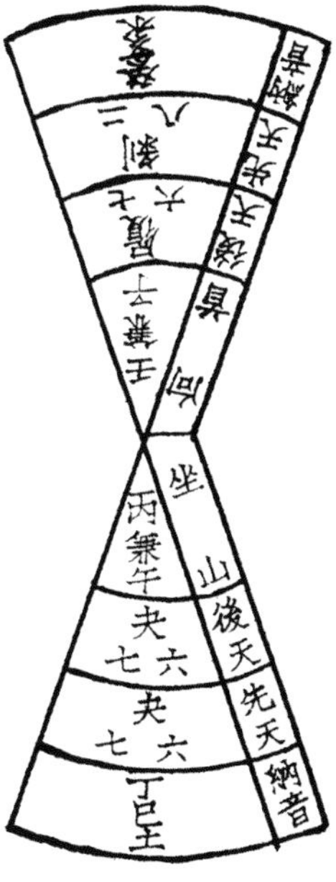

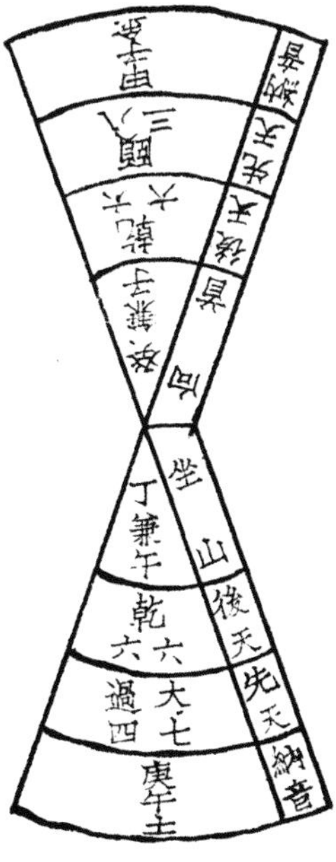

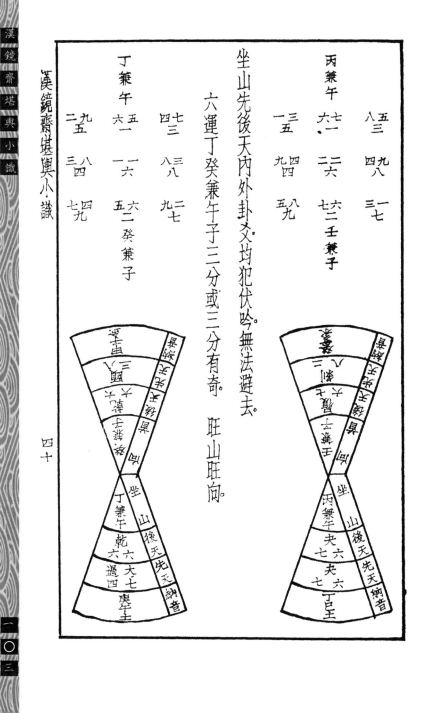

向首之二一即申屬陽申挨貪故一入中順飛　分金坐大過之內爻四
及庚午土向頤卦之內爻三及甲子金
六運丁癸兼未丑三分或二分有奇　旺山旺向

丁兼未

九 / 二五	五 / 六一	七 / 四三
八 / 三四	一 / 一六	三 / 八八
四 / 七九	六 / 五二	二 / 九七

癸兼丑

分金坐恆卦之外爻三及丙午水向益卦之外爻四及庚子土
用替如前

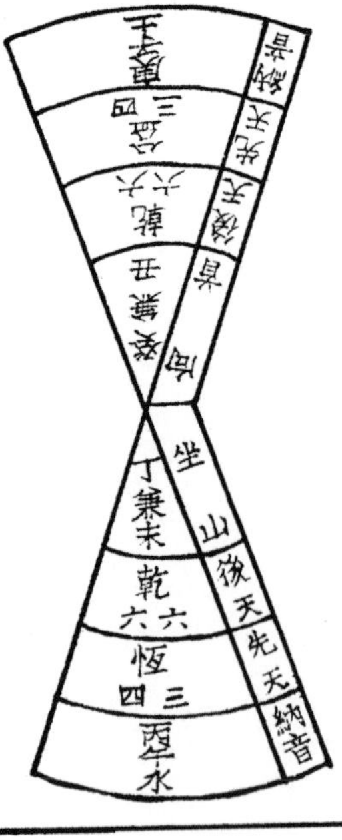

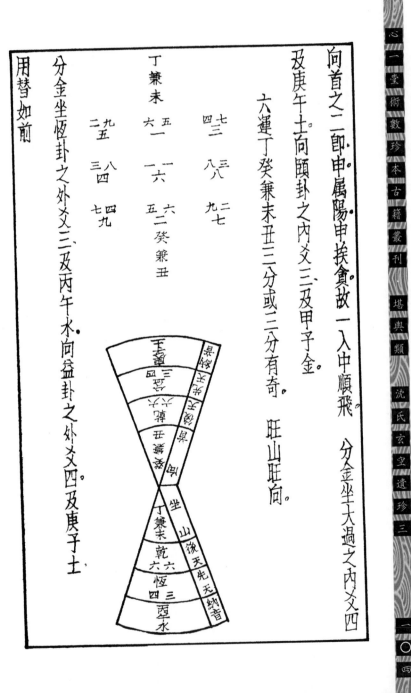

以上十六個圖說均是取用替星便得旺山旺向之局以爲向水雜出兩爻兼收兼取之用蔣氏所謂秘中之秘者也其實三元九運二十四個山向左右兼取共有四百三十二局不過二十四個山向之中能用替者祇有壬丑艮寅甲卯乙辰巽巳丙申庚十三個山向其餘子癸午丁未坤酉辛戌乾亥十一個山向雖替亦如不替又挨五之山或向亦無替星可尋總之山水清純之局不必用替直取山向挨得之星下卦山水雜出之局又宜用替尋覓代替之星起星下卦乃直達取勝起星是補救乘時斷不可混用也惟起星之用法全憑作者於相地時目巧心靈取裁得法有時旺星即不到向亦大可用茲舉一例以資通變如三運乾山巽向之地下卦則上山下水今用羅經細爲格定坤未方有特起高峰卯甲及午丙兩方有水放光照穴坐山水繞至酉庚消出作乾巽兼戌辰三分以兼收之處處合吉當旺大有卯山卯向卯源水之妙取圖於左其他山向兼左兼右用替以此爲法可耳

例三運乾巽兼戌辰三分或二分有奇

附說

四到山即巽屬陽挨武以六入中順飛

二到向即坤屬陽挨巨仍二入中順飛

一挨卯甲七挨午丙均陰逆飛旺氣到水

合城門一吉主財貴九挨坤未屬陰逆飛

旺氣到高峰且丁星三又到主旺丁向上

飛星旺氣三到山生氣四到酉庚有水繞

三四運均旺財卯甲方一四同宮午丙方

一六共宗均主貴

巽兼辰向

五 一 二	一 六 七	三 八 九
四 九 一	六 二 三	八 四 五
九 五 六	二 七 八	七 三 四

乾兼戌山

出卦兼向

天玉經五行位中出一位一節溫氏續解舉二運巳向兼丙爲例按巳屬巽卦爲人元向丙在離卦係地元又巳向兼丙爲出卦之向即地卦出也巳向玄空挨星在二運向首是一一即癸爲陰入中逆飛一到向巳上得二旺氣今既兼丙又在二運則玄空流行之氣須視丙上所到

星辰如何以判丙方照穴八有情之水。爲眞出卦。非眞出卦。爲可兼不可兼之權衡。其法在二五八運。二爲天元五爲人元八爲地元丙屬地元以八入中順挨九宮。向上是七七屬地元兌卦之庚。爲陽再入中順飛離卦之丙上得二二爲旺故溫解云丙上亦得二也。如此旺氣二到丙則地卦雖出而天卦不出不爲出卦。兼之不凶而吉。此出卦兼向之要訣也。如果八九衰死之氣。飛到丙上則是地卦既出天卦又出。斯眞出卦兼之凶禍立見。其他出卦兼向。以此爲法否則寧作正向切勿妄兼自取凶禍愼之愼之

二運亥山巳向

八 六 六	六 四 八
三 一 二	一 八 四
七 五 七	二 九 三 亥山

按二運亥巳。旺星到山到向。爲寅葬卯發之局。非丙方水照穴八十分有情。以作正向不兼

丙爲是。但此局爲出卦兼向取法可耳。

巳向 二一四 三九五 七五九

一運亥山巳向兼壬丙

四五 九一 八九 亥兼壬

二三 七八 三四

巳兼丙 六七 五六 一二

山水錯雜兼向諸局（若兼出卦之向須參照前巳向兼丙用法）羅經二十四山向。分爲天地人三卦。每卦各得八爻。子午卯酉乾坤艮巽爲天元卦之八爻。卽八卦之中爻。乙辛丁癸寅申巳亥爲人元卦之八爻。甲庚壬丙辰戌丑未爲地元卦之八爻。均八卦之偏爻。凡大龍正結之地。八宮山水。無不一卦純淸。絲毫不雜。自應立正山正向。（不兼過一二分。仍作正向論。）以收八方龍脉山水純清之氣。不必兼左兼右也。然每有小巧丁財之局。格其來龍入首脉路。及八宮山水有情有力之方。或屬於天人兩卦。或屬於天地兩卦。或屬人地兩卦。則立向時。不得不兼左兼右以收之。更有細察脉路與各方山水大體。宜作天人兩卦兼向。却又有一二處照穴有情之水。成星成體之山。恰在地元卦之甲庚壬丙辰戌丑未八方。　又有宜作天地兩卦兼向。却又有一二處照穴有情之水。成星成體之山。恰在人元卦之乙辛丁癸寅申巳亥八方。　又有宜作人地兩卦兼向。却又有一二處照穴有情之水。成星成體之山。恰在天元卦之子午卯酉乾坤艮巽八方。　而此八方一二處照穴有情之水。成星成體之山。關係吉凶。亦極重要。然爲吉爲凶之故。則又根源於玄空九氣一四七、二五八、三六九之三般卦也。今分別舉例說明於次。

(甲)一四七運兼向諸局

(一)例如一運作子午兼癸丁山向。子午爲天元卦。癸丁爲人元卦爻是爲天元兼人元山向本與地元無關但戌方有照穴有情之水甲方有成星成體之山此水與山均在地元卦爻出元出卦最關禍福然爲吉爲凶又須視天卦出與不出而定其法在一四七運一爲天元四爲人元七爲地元今地元卦爻之戌方有水甲方有山應起地元之三般卦以七入中排到向首是二二一係地元卦之末爻屬陰入中逆飛一到戌爲當元之旺氣地卦出而天卦不出主吉主旺財又排到坐山是三三係地元卦之甲爻屬陽入中順飛一到甲亦爲當元之旺氣亦謂之出而不出主吉主旺丁明圖於左

在一還一爲旺氣二三爲生氣合稱三吉上吉但二三雖爲生氣爲朝向遠方量較弱七八爲衰極死極之氣大凶故丙方山水亦宜靜四五六九爲衰氣次凶

五三 十四

五 七九

四 二八

一到戌方有水吉

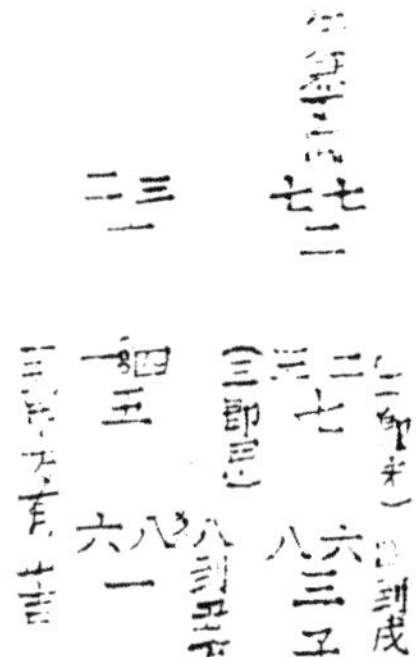

如上圖。若丑方有照穴有情之水。戌方有成星成體之山。而向上飛星八到丑。爲一運之死氣。地卦既出。天卦又出。斯眞出卦。主凶。主退財。又山上飛星四到戌。爲一運之衰氣。亦爲出元出卦。主凶。主傷丁。

丙方大水高山同斷。

二 例如一運子午兼壬丙山向。是天元而兼地元。本與人元無關。但辛方有照穴有情之水。巳方有成星成體之山。在一四七運。四爲人元。以四入中。八到向。八爲人元之寅。屬陽。入中順飛。一到辛。爲當元旺氣。天卦不出。主吉旺財。又山上是九。九爲人元之丁。屬陰。

入中逆飛一到巳亦爲當元旺氣主吉旺丁若巳方有照穴有情之水則衰氣七到主凶退財亥方有成星成體之山則死氣八到亦主凶傷丁明圖於左

午兼丙向

一 七 三	五 三 八	三 五 一
二 六 二	九 八 四	七 一 六
六 二 七	四 四 九	八 九 五

子兼壬山

一到辛方有水吉
八到亥方有山凶
七到巳方有水凶
一到巳方有山吉
（酉道）
（卯丁亡）

(三)例如四運作丁癸兼未丑山向（此局宜兼未丑二分用替卦法既得旺山旺向用出卦兼向法七入中三到向二卯甲屬陽入中順飛六八到丑爲四運生氣亦吉）是人元而兼地元本與天元無

關。但卯方有照穴有情之水。乾方有成星成體之山。在一四七運一爲天元。以一入中。六到向。六係天元之乾。屬陽。入中順飛。四到卯。爲旺。主旺財。山上是五。五乃一入中排出。八宮𨵦坎一卦。五之玄關寄坎。即爲天元之子。屬陰。入中逆飛。四到乾。爲旺。主旺丁。若子方有照穴有情之水。艮方有成星成體之山。均值二黑死氣。又主財丁不利。明圖於左。

丁兼未山

六 五 九	一 一 五	八 三 七
七 四。 八 卯方有水吉	五 六 一 即乾 (五寄坎即子)	三 八 三
二 九 四 艮方有山凶	九 二 六 子方有水凶	四 七 二 乾方有山吉

癸兼丑向

在四運。四爲旺氣。五六八爲生氣主吉。三爲衰氣。一爲死氣。七九亦爲衰氣。主凶。

(四)例如七運作坤艮兼未丑山向。是天元而兼地元。本與人元無關。但巳方有照穴有情之水。寅方有成星成體之山。在一四七運。四爲人元。以四入中。七到向。七爲人元之辛。屬陰。入中逆飛。八到巳。爲七運之生氣。主旺財。又山上是一。一爲人元之癸。屬陰。入中逆飛。七到寅。爲旺。主旺丁。若寅辛二方有照穴有情之水。申癸二方有成星成體之山。則值四五衰極死極之氣。又主退財傷丁。明圖於左。

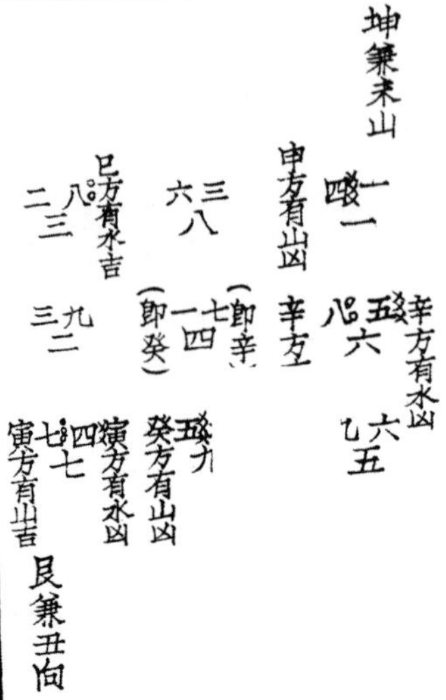

在七運。七爲旺氣。八九爲生氣。均吉。一二三四五爲衰死之氣。均凶。

附註　一四七運其他兼向類推

(乙)二五八運兼向諸局

(一)例如二運作丁癸兼午子山向。是人元而兼天元。本與地元無關。但庚方有照穴有情之水。辰方有成星成體之山。在二五八運。二為天元。五為人元。八為地元。以地元之八入中。排到向首是四。四即辰。為陰。入中逆飛。二到庚。為旺。主旺財。又排到坐山是三。三即甲。屬陽。入中順飛。二到辰。為旺。主旺丁。若丙方有照穴有情之水。則值水裏九之死氣。主退財。未方有成星成體之山。則值山上九之死氣。主傷丁。壬方山水平和不忌。以天元取輔。二八貫通故也。明圖於左。

二 庚方有水吉
五 一
三 四 九

七 九 五
未方有山凶

九 丙方有水凶
七 三

四 八 (即未)
三 八 (即甲)
八 四

丁兼午山

癸兼子向

五
二 七
辰方有山吉

一 六
六

一
六 三

在二運二為旺氣。三為生氣。主吉。五七九為衰死之氣主凶。

(二)例如五運作艮坤兼寅申山向。是天元而兼人元。本與地元無關。但辰方有照穴有情之水。未方有成星成體之山。在二五八運以八入中。五到向五寄艮。為地元之丑爻屬陰。入中逆飛。六到辰為五運之生氣主旺財。山上之二。即未屬陰。入中逆飛。五到未為旺。主旺丁。若庚方有照穴有情之水。辰方有成星成體之山。均值死氣。二到。又主退財傷丁。明圖於左。

坤兼申向

八
五 五
未方有山吉

一
九 三
一
庚方有水凶

四
一 九

在五運。五為旺氣。六八為生氣。均吉。一二三九為衰死之氣。均凶。

辰方有水吉	七　六 三　七	七　一 三
	七 四　六	五 二　八 （五寄艮卽丑）（卽未）
	二 八　二	九 六　四

辰方有山凶

艮兼寅山

（三）例如八運作丙壬兼午子山向。是地元而兼天元。本與人元無關。但辛方有照穴有情之水。亥方有成星成體之山。在二五八運。以五入中一到向。卽癸為陰。入中逆飛。八到辛。為旺。主旺財。山上之九。卽丁亦陰。入中逆飛。八到亥。亦旺。主旺丁。若癸方有照穴有情之水。（壬子方有水主吉。因八運旺星八到向也）丁方有成星成體之山（丙午方山亦宜低。因衰氣七到也）又主財丁失利。明圖於左。

在八運。八為旺氣。九為生氣。主吉。一為貪狼。兼取亦吉。五為死氣。為大煞。主凶。二三四六七為衰死之氣。均凶。

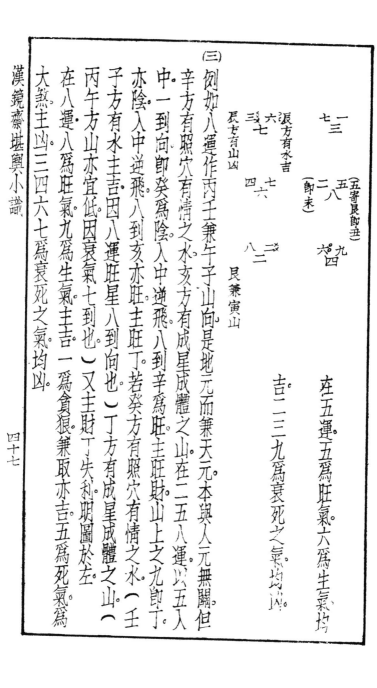

丙兼午山

二 一四	五六 九 丁方有山凶	四 三二
三 二三	九一 五 (即丁)(即癸)	八 七七 辛方有水吉
七 六八	五 四一 癸方有水凶	九 八六 亥方有山吉

壬兼子向

附註　二一五八運其他兼向類推

丙三六九運兼向諸局

(一)例如三運作子午兼癸丁山向。是天元而兼人元。本與地元無關。但戌方有照穴有情之水。甲方有成星成體之山在三六九運。三為天元。六為人元。九為地元。以地元之九入中排到向首是四。四即辰屬陰。入中逆飛。二到戌。爲旺。主旺財。坐山之五。係九入中排出。其玄關寄九。爲地元之丙。屬陽入中順飛。三到甲。爲旺。主旺丁。若丑庚未三方。有照穴。有情之水。未庚二方。有成星成體之山。均主財丁不利。明圖於左。

午兼丁向

四 五 八	九 九 四	二 七 六 未方有山凶	未方有水凶
甲方有山吉 三 六 七	(五寄離即丙) 五 四 九 (即艮)	庚方有山凶 七 二 二	庚方有水凶
八 一 三	一 八 五	六 三 一	戌方有水吉

子兼癸山

在三運。三爲旺氣。四爲生氣。主吉。二一爲衰氣。一爲死氣。七九亦爲衰

氣主凶一九方山水宜平和

(二)例如六運作癸丁兼子午山向是人元而兼天元本與地元無關但甲方有照穴有情之水戌方有成星成體之山在三六九運以地元之九入中排到向首是四四為辰屬陰入中逆飛六到甲為旺主旺財又排到山上是五五寄離為地元之丙屬陽入中順飛六到戌為旺主旺丁若戌辰方有照穴有情之水適值衰死氣二三五到又主退財辰甲方有成星成體之山亦值死氣二三四到又主傷丁明圖於左

丁兼午向

九 九 四	二 七 六	
五 四 九 (即辰) (五寄離即丙)	七 二 二	
一 八 五	六 三 一 戌方有山吉 戌方有水凶	

癸兼子山

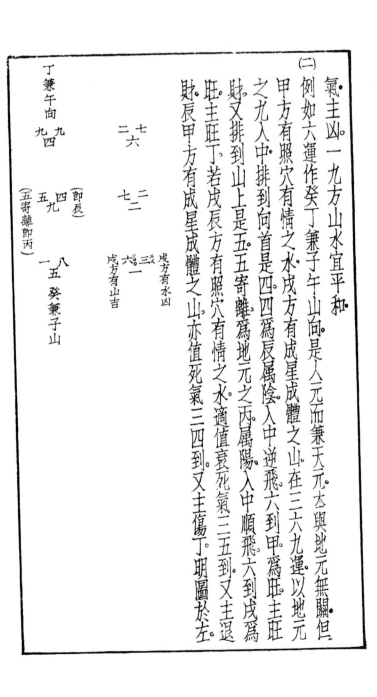

長方有水凶
五
四 八
長方有山凶

甲方有水吉
六
三 七
甲方有山凶

一
八 三

(三)

在六運。六爲旺氣。七爲生氣。主吉。二一三四五爲衰死之氣。主凶。

例如九運作甲庚兼卯酉山向。是地元而兼天元。本與人元無關。但亥方有照穴有情之水。癸方有成星成體之山。在三六九運。以人元之六入中。排到向首是八。八即人元之寅。屬陽。入中順飛。九到亥。當旺。主旺財。又山上之四即巳。屬陽。入中順飛。九到癸。當旺。主旺丁。若巳方有照穴有情之水。寅方有成星成體之山。均值死氣。七到。又主退財傷丁。明圖於左。

庚兼酉向

五
一 三

一
六 八

亥方有水吉
九
五 七

在九運。九爲旺氣。一爲零神。亦爲

生氣主吉。四五七爲衰死之氣凶。

七 三 五 巳方有水凶	八 三 一
二 六 四	(卯寅) 四 八 六 (卯巳)
七 二 九 寅方有山凶	九 四 二 癸方有山吉

甲兼卯山

附註　三六九運其他兼向類推

本款舉例諸局。概係變法並非常法。用時宜謹慎取裁。不可大意。至要至要。

黃泉水法

或問庚丁坤上是黃泉。坤向庚丁不可言。巽向忌行乙丙上。乙丙須防巽水先。甲癸向中憂見艮。艮向須知甲癸嫌。乾向辛壬行不得。辛壬水路怕當乾。其訣亦有理否。答曰。訣極有理。即空位忌流神之意義。凡水法之不合城門者皆可目之爲黃泉也（宜與司馬頭陀水法合參用之）陰宅向首之左右兩宮大都有來去水口水之純雜最關禍福庚丁坤上是黃泉者言甲山庚向癸山丁向來去水口當在坤宮坤宮有未坤申三爻未爲地元坤爲天元申爲人元甲庚爲地元向三爻水口當在未方癸丁爲人元向三爻水口當在申方若三爻水口在天元爻神之坤方即犯出卦差錯之病主有凶徵故以黃泉名之其訣極有理也然庚向之水口有時或在乾宮乾宮三爻戌爲地元乾爲天元亥爲人元如三爻水口在戌與庚向同爲地元一氣即合一卦清純若三爻水口在天元爻之乾方或人元爻之亥方即犯差錯出卦之病亦主凶徵亦爲黃泉又丁向之水口有時或在巽宮巽宮三爻辰爲地元巽爲天元巳爲人元如三爻水口在巳與丁向同爲人元一氣即合一卦清純若三爻水口在天元爻之巽方或地元爻之辰方即犯出卦差錯之病亦主凶徵亦爲黃泉又庚向辛爲空位丁向丙亦空位一見水冲亦爲黃泉不可不知坤向庚丁不可言一句已合向首左右兩宮言之蓋

坤爲天元向。庚爲地元爻。丁爲人元爻。庚丁水口。固屬不合。然辛爻丙爻有水沖射。或三爻來去。亦非天元一氣。又宜注意其餘巽向忌行乙丙上等句。識者不難類推。總之陰陽二宅水法。無論向首、或左右兩宮。或他宮。能與所立山向合得一卦清純不雜他卦者。卽爲城門。不合一卦清純雜出他卦者。卽爲黃泉。此實要訣明者識之。其他地支黃泉救貧黃泉等。實皆無理可推。盡僞訣也。

堪輿家書

堪輿家書分巒頭理氣選擇三門。　㈠巒頭諸書。大都專論山水之形態性情與九星形體之正變。以及龍穴砂水之眞假得失。雖諸家所言互有詳略。而其要不外闡明山水之形與性而已。無不可讀。讀之亦易了解。其書專論巒頭。不參理氣者。以葬經、疑龍、撼龍經、山洋指迷爲最善。其餘略事涉獵可耳。一種夾雜理氣之書。讀之令人迷惑。可不必讀。

㈡理氣之書。諸家雜出。僞說亂眞。苟不愼擇。自誤誤人。爲禍至烈。三合雙山兩家之書。切不可讀。淨陰淨陽家書。雖覺言之有理。然徒執宿度撥砂。納甲消水。往往不驗。況宿度每年有差。因二十八宿麗天向西旋轉。而地球每日向東自轉。計轉一年。相差有五十一秒。積七十年有奇差一度。二千一百十七年有奇差三十度。卽移一宮。現今牛宿八度。已移躔子癸二山。而撥砂家仍執古書老盤。指丑方砂爲坐牛金度。以論生旺奴洩煞。而納水又不歸一卦清純。每犯差錯出卦。如何應驗。故淨陰淨陽家書。亦不必讀。此外左水到右。右水到左。翻卦掌訣。正針定向。中針格龍。縫針消水。穿山透地。種種僞說。不勝枚舉。貽誤盡天下蒼生者也。皆不必讀。然則理氣之書。以何爲宗。曰蔣大鴻之地理辨正。（有章仲山直解、溫明遠續解者）沈竹礽之玄空學。實爲理氣正宗。辨正中之青囊經、青囊序、青囊奧語、天玉寶照諸經。皆郭景純楊筠松等聖聖相傳心法。楊公云。百二十家渺無訣。此說玄機老祖宗。蔣公云。古今來知此者數人而已。皆指此心法而言也。沈書於玄空理法。盡宣其秘。如羅經、挨星、替卦、城門訣、反伏吟、令星入囚、生成合十、七星打刼、四十八局諸訣。均發前人所未發。尤爲郭楊之功臣。度世之金針寶筏。眞至寶也。他如靈城精義。圖書發微。亦皆宜熟讀精思。至玄機賦玄空秘旨、紫白訣諸書。均蒐集於沈書第六册之玄空古義內取沈書熟讀可也。(三)選擇諸書。分天星選擇與干支選擇二類。天星選擇較難。而最妙最驗。其書如楊筠松之造命千金歌。劉青田之佐玄直指。蔣大鴻之天元第五歌。呂士清之天星選擇纂要。左敬元之天星選擇撮要。壽望三之仰觀集。溫寶琛之春樹齋叢書。皆宜會通。仍須逐年購備附有七政四餘每月每日躔度表之臺歷。(歷象攷成續編、有表可查、但價鉅不易購、)以爲選日選時。考查七政四餘該日分躔何舍次何宿度。製圖以爲動盤。(卽天盤)用月將加時法。推定用事之時。其動盤之七政四餘。轉到靜盤上(卽地盤)之何舍次何宿度。卽以七政四餘轉到靜盤上之宮度。與山向命宮論恩用仇難。正照對照拱照夾照關照等等。始眞確而應驗。否則亦不驗也。干支選擇。祗要配成年月日時八字。成格成局。補龍扶山。不犯諸凶煞便得矣。購備協紀辨方、與通德類情二書已足用。此外紫白選擇。依法挨排年月日時紫白圖。於山向中宮。

取一六八九四吉星。二三四七尚可取用。惟五黃不宜到中宮與山及向。（舊編有年月日時紫白圖一冊待印行）此畧舉堪輿諸書可讀不可讀之大概也。

認龍點穴撮要

巒頭諸書千言萬語而其重要關鍵。即在認龍點穴。茲分山隴、平陽、平原、平洋撮要言之。(一)山龍起祖。其星峰必具九星形體跌斷過峽。又必分枝劈脉。漸趨秀嫩。跌斷愈多。必愈秀嫩。至結穴處山形土色全異。而靈氣聚矣。其行龍少跌斷者。又必左右擺折。當擺折處。分枝開帳。以洩煞氣。其枝或爲梧桐蒹葭。或是蘆鞭楊柳。至結穴處。砂纏水聚而生氣凝矣。穴象分窩鉗乳突。小小窩鉗乳突。便是少陰少陽。即在其上點穴。若寬大窩鉗。已是老陽。老陽不可點穴。須求其中之少陰。即於寬大窩鉗之中。求其隆起之乳突。又肥大乳突。已是老陰。老陰不可點穴。須求其中之少陽。即於肥大乳突之上。求其凹下之窩鉗。更有寬大窩鉗之中。並無顯明隆起之乳突。肥大之乳突上。並無顯明凹下之窩鉗。則以求暈之法。定穴之所在。窩鉗之暈。如人心坎中之跳起處。畧有一點高影似有似無。即是少陰初動。便是穴暈。亦即穴之所在。乳突之暈。如小兒顖門吸動處。畧有一點微靨。若隱若現。即是少陽初動。便是穴暈。亦即穴之所在。此山龍認龍點穴之大概也。(二)平陽龍穴。平視與山龍異。竪視與山龍同。惟平陽一片綿渺。廣漠無際。全憑水路分踪。亦有帳蓋迎送過峽諸般形勢。至入首結穴之處。或有水之交合。或有路之界劃。或以低淺之地交護纏繞。龍穴砂水。無不具備。其穴形亦分窩鉗乳突。窩大窩小。求突求暈。一與看山龍同。此平陽認龍點穴之大概也。(三)平原龍穴。平原之地。原下望之。儼如山龍。及至原上。則茫茫一片。砥平如掌。一望無際。又似平陽。其結穴處。有在原邊者。有在原角者。有在原盡頭者。有在原之中者。其在邊者。下臨崖岸。彷彿大江大湖之旁。左右必有溝渠插入交滙。即在其交滙氣聚之處立穴。其在角者。類似大水轉灣處。形象圓淨。理氣清純。即在其圓淨清純處立穴。其在盡頭者。則原勢漸低。亦有枝脚作龍虎拱衛。與山龍乾流結穴相類。其在原之中者。

四望不見邊岸。有溝渠則就溝渠。有路水則就路水。認脉審穴。亦與平陽同。此平原認龍點穴之大概也。(四)平洋穴法。平洋遍地水田。歷經人工改造。然其初亦一平陽也。其有龍砂之處。田必稍高。其在界水之處。田必更低。過峽處田必低窄。開帳處田必橫寬。其結穴處。高田爲砂。抱護於外。低田爲水。環繞於內。結穴之田。高不過砂。低不侵水。相度形勢。或深葬。或淺埋。或培土結盤。以迎生旺之氣。運作用之妙。存乎其人。此平洋穴法之大概也。總之。堪輿之學。巒頭爲體。理氣爲用。巒頭雖眞。理氣不合。無益也。理氣悉合。巒頭不眞。亦無益也。巒頭理氣。如人之魂魄焉。合之則生。離之則死。又巒頭。地也。司生人之權。理氣。天也。司興廢之權。如巒頭端正。則出人必溫厚和平。得運則生端莊公正之貴人。失運則生庸懦卑鄙之常人。巒頭粗雄。則出人必強悍猛烈。得運則生鯁直果勇之貴人。失運則生兇險橫暴之惡人。然則理氣之關係。不綦重哉。

此言理氣。乃楊曾之眞理氣。讀者切勿誤認。

富貴貧賤壽夭概論

富貴貧賤壽夭由巒頭理氣主之。大概山水得運則主富貴。山水失運則主貧賤。旺運管事則主壽考。煞運管事則主夭絕。如賤而富者必遠墳非地。新墳得地故也。如貴而貧者必山龍得運向水失運故也。如富貴而夭絕者。必旺運已過。煞運管事故也。如貧賤而壽考者。必地本非地而旺運管事。有吉無凶故也。

羅經附盤式

羅經分楊盤蔣盤兩種。現今通用之盤。其二十四山之陰陽。楊蔣互有同異。其實楊公手定之盤。與蔣盤之陰陽本同。而蔣盤又實本楊盤而作也。（參看天玉經于維乾巽坤艮壬陽順星辰輪諸節自明）今不同者。由淨陰淨陽家改易之也。蔣盤二十四山分爲天地人三卦。每卦各得八爻。其陰陽以紅黑字別之。紅字爲陽。黑字爲陰。天元卦之乾坤艮巽爲陽。子午卯酉爲陰。地元卦之甲庚壬丙爲陽。辰戌丑未爲陰。人元卦之寅申巳亥爲陽。乙辛丁癸爲陰。各字之陰陽均有所本。絲毫不紊。沈書論之詳矣。但楊蔣兩盤流傳至今。均經後人改易。故挨星一層多所錯誤。其明証也。又二十八宿躔次一層。仍沿用清初所測定。迄今。近三百年。歲差所積。已差四度。如不更正。均不適用。鄙人有鑒於此。曾將清末沈竹礽師更正蔣盤。精繪行山分金大小兩盤式。並補排第十一層先天六十四卦卦爻。六爻休甯萬安街吳魯衡涵記主人詹子璋君、監製發售。需者可向訂購。

沈竹礽先生更正蔣盤層次

一層洛書八卦　二層先天八卦　三層星曜　四層二十四山
五層兼向替卦　六層十二次舍　七層二十四候　八層二十八宿
九層三百六十度　十層先天六十四卦　十一層六十四卦卦爻分金　十二層六十甲子納音分金

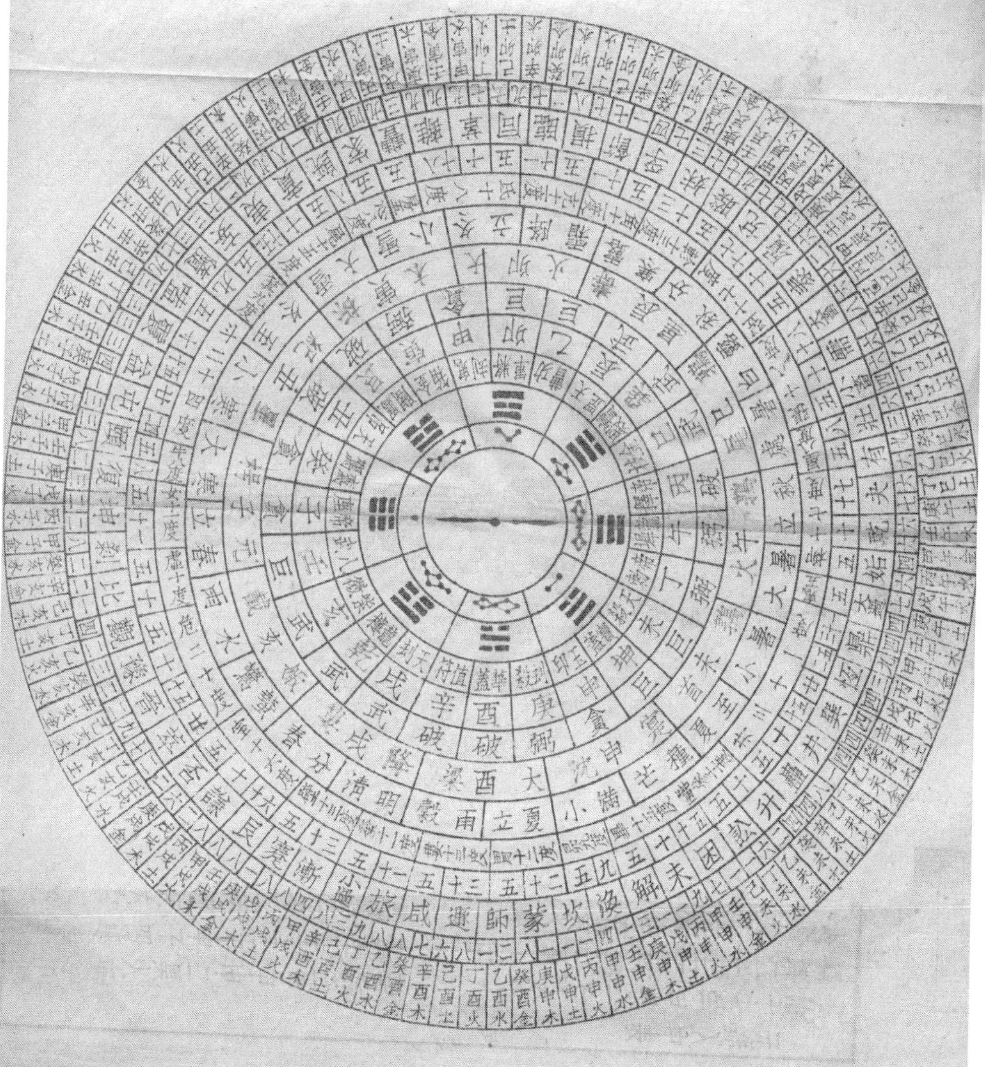

一元運入中表

弘治十七年甲子一白入中　嘉靖三年甲申二黑入中
嘉靖二十三年甲辰三碧入中　嘉靖四十三年甲子四綠入中
萬曆十二年甲申五黃入中　萬曆三十二年甲辰六白入中
天啓四年甲子七赤入中　順治元年甲申八白入中
康熙三年甲辰九紫入中　康熙二十三年甲子一白入中
康熙四十三年甲申二黑入中　雍正二年甲辰三碧入中
乾隆九年甲子四綠入中　乾隆二十九年甲申五黃入中
乾隆四十九年甲辰六白入中　嘉慶九年甲子七赤入中
道光四年甲申八白入中　道光二十四年甲辰九紫入中
同治三年甲子一白入中　光緒十年甲申二黑入中
光緒三十年甲辰三碧入中　民國十三年甲子四綠入中
民國三十三年甲申五黃入中　民國五十三年甲辰六白入中

民國七十三年甲子七赤入中　民國九十三年甲申、八白入中
民國一百十三年甲辰九紫入中　民國萬年

公墓設計

我國近年倡建公墓。爲一般民衆歸骨之所。既免相地之勞。又獲省費之益。誠便民妥死之善法也。（各處義塚原屬公墓制度。然因葬法不善。立向雜亂。又不求合元運下葬。所以吉少凶多。）但經營公墓。必須審擇寬大高原龍氣盛旺之區。不爲水蟻侵蝕。且因二十四向均要立墳。其龍向水三者。多不能盡合經四位之理法。又宜造槨浮葬。俾多收天陽之氣。少納地陰之氣。尤須按照元運。於各運中。取其當旺、合十、合三般卦、打刦、城門一吉。以及合替卦諸吉山向葬之。勿取反伏吟、上山下水諸凶山向下葬。如現在四運。宜取甲庚、庚甲、（當旺合十）艮坤、坤艮、寅申、申寅、（當旺）丑未、未丑、（合三般卦）壬丙、辰戌（眞打刦）午子、丁癸、（假打刦）癸丁兼子午或兼丑未、丁癸兼午子或兼未丑、（用替卦當旺）諸吉山向葬之。勿取乾巽、巽乾、亥巳、巳亥（犯

反伏吟）乙辛辛乙等（犯上山下水）諸凶山向下葬。將來五運。又宜取子午卯酉乙辛丁癸辰戌丑未十二山向、（均當旺）及艮坤、坤艮寅申、申寅、四山向（合三般卦雖犯反伏吟不忌）葬之。勿取乾巽、亥巳甲庚壬丙、八個山向（犯上山下水）下葬。亦自有吉無凶。茲列公墓設計圖式幷加說明於次。

說明

（一）中間正八邊形爲墓祠平圖。八方出面。每面正中開一圓門。內各裝龕。均三角式。斜設等腰三角粉板。板面依祠外層次墓數編定次序第號。每葬一墳。即將死者籍貫姓名登記於相當次序第號之下。並立墓碑。造成清冊。以便查考。墓祠建築參照側面圖式。

（一）墓祠外八方階級式梯形爲安葬墓地。內小長方形爲墳地位置。中間橫空白墓道。

（一）八卦界縫處空白。爲八大墓道。兩旁植柏界清卦氣。

（一）近山平原可取圖之一二三卦或四五卦營造。

公墓平面圖

墓祠側面圖

玄空三元九運山向趨吉避凶簡明表

元運		一運				二運				三運				四運			
吉局 當旺四十八局	山向 山向					乾巽 巽乾	亥巳 巳亥	丑未 未丑		卯酉 酉卯	乙辛 辛乙	辰戌 戌辰		艮坤 坤艮	寅申 申寅	甲庚 庚甲	
合十	山 向	乾 巽	巽 乾	亥 巳	巳 亥	丑 未	未 丑			子 午	午 子	丁 癸	癸 丁	甲 庚	庚 甲		
合零神	山 向	子 午	癸 丁			未 丑				卯 酉	乙 辛			辰 戌			
三般卦	山 向					艮 坤	坤 艮	寅 申	申 寅					丑 未	未 丑		
眞打刦	山 向	子 午	癸 丁	辰 戌	庚 甲	壬 丙	酉 卯	辛 乙		子 午	癸 丁			壬 丙	辰 戌		
假打刦	山 向	乾 巽	亥 巳	卯 酉	乙 辛	午 子	丁 癸	甲 庚		丙 壬				午 子	丁 癸		
替卦十六局	山向 兼三分									子午兼壬丙癸丁	午子兼丙壬丁癸			癸丁兼子午丑未	丁癸兼午子未丑		
凶局 反伏吟	山 向	壬 丙	丙 壬			艮 坤	坤 艮	寅 申	申 寅	甲 庚	庚 甲			乾 巽	巽 乾	亥 巳	巳 亥
上山 下水	山向 山向					艮坤 坤艮	寅申 申寅	辰戌 戌辰		乾巽 巽乾	亥巳 巳亥	甲庚 庚甲		卯酉 酉卯	乙辛 辛乙	丑未 未丑	

運	一	二	三	四	五	六	七	八	九
五運	子午 午子		(前十年)	艮 坤				艮 坤	壬丙 丙壬
	癸丁 丁癸		未 丑	坤 艮				坤 艮	艮坤 坤艮
	丑未 未丑		辰 戌	寅 申				寅 申	寅申 申寅
	卯酉 酉卯		(後十年)	申 寅				申 寅	甲庚 庚甲
	乙辛 辛乙		戌 辰						巽乾 乾巽
	辰戌 戌辰		丑 未						巳亥 亥巳
六運	艮坤 坤艮	甲 庚	戌 辰	丑 未	子 午	丙 壬	壬丙兼孩钯	乾 巽	卯酉 酉卯
	寅申 申寅	庚 甲		未 丑	癸 丁	戌 辰	癸丁兼玗粁	巽 乾	乙辛 辛乙
	甲庚 庚甲						丙壬兼钯孩	亥 巳	丑未 未丑
							丁癸兼粁玗	巳 亥	
七運	卯酉 酉卯	子 午	酉 卯		壬 丙	午 子		甲 庚	乾巽 巽乾
	乙辛 辛乙	午 子	辛 乙			丁 癸		庚 甲	亥巳 巳亥
	辰戌 戌辰	癸 丁							甲庚 庚甲
		丁 癸							
八運	乾巽 巽乾	丑 未	丑 未	艮 坤	子 午	卯 酉		艮 坤	艮坤 坤艮
	亥巳 巳亥	未 丑		坤 艮	癸 丁	乙 辛		坤 艮	寅申 申寅
	丑未 未丑			寅 申	庚 甲	丙 壬		寅 申	辰戌 戌辰
				申 寅				申 寅	
九運		乾 巽	午 子		酉 卯	午 子		壬 丙	
		巽 乾	丁 癸		辛 乙	丁 癸		丙 壬	
		亥 巳			巽 乾	戌 辰			
		巳 亥			巳 亥	甲 庚			

附註

(一)凡龍真穴的之地。依此表造葬。合吉局者。財丁兩利。值凶局者。凶禍不免。

(一)合三般卦諸局。坐後宜平和。不宜險峻。初年丁財不旺。發後多三元不敗。

(一)除替卦十六局。得兼左兼右二分。或二分有奇。其餘正山正向諸局。衹能偏左右一分上下為度。不可多兼。

(一)另有城門一吉諸局。須格定水口所在位置。恰值運盤陰星挨到。發福亦速。

(一)另有合零神妙用諸局。如向首水光照穴。其發福不減旺山旺向。

(一)另有僅犯下水諸局。得向首水外有山。亦能發福。

(一)另有僅犯上山諸局。得坐後有水繞或合城門一吉。亦能發福。

(一)上山下水諸局。向首空曠。又見水光。必傷丁。坐山高聳。必退財。

(一)反伏吟諸局。向首見水。凶禍立至。甚至家破人亡。較上山下水尤凶。

縱砂水和平。空實合法。亦不可冒險造葬。三元九運中最凶局也。

堪輿小識上冊勘誤表

本冊句讀圈點遺漏頗多且有誤處希閱者自加改正

頁數	行數	字數	誤	正
一	三	七	一	二
一	十九	廿五	一	二
七	十六	四	八	入
十一	一二三行星圖銷去			
十四	上末行	十九	宫	官
十五	十	廿四	次	坎
十八	一	廿	離	雜
廿三	末行	十八	矣	美
廿四	廿三	廿二	宫	官
廿五	十八	十四	宫	官
廿五	廿	十四	宫	官

頁數	行數	字數	誤	正
廿六	三	三	爲字銷去	
卅一	廿二	五	卯	酉
卅一	廿二	九	東	西
卅二下半頁	六	廿四	金末一字	命
卅二	九	十七	大	六
卅二	十二	廿一	有	九
卅四	十六	四	三三七	二三七
卅六	五	二	複	復
卅六下半頁	分金表		戊午火	壬午木
卅八	二	五	同	周
卅八	挨星圖			丙兼巳

頁數	行數	字數	誤	正
卅八下半頁	四	廿三	七	土
四四下半頁		挨星圖	一到巳方有山凶	一到巳方有山吉
四六上半頁		挨星圖	庚方有水凶	庚方有水吉
五一	七	七	計	針
五八	十	一二	另有二字鏟去	

漢鏡齋堪輿小識弁言

仲尼繫易若曰形而上者謂之道形而下者謂之器化而裁之謂之變推而行之謂之通蓋必變而後通務合道與器而一之運化裁之妙以樹推行之準非是不足與議易象之緼矣地理之學導源於河洛一易義也陰陽二宅爲形而下者之器而剖析二宅之吉凶必有形而上者之道爲之宰研究地理學者欲化裁之以盡其變推行之以會其通自不能離形下之器而虛設玄渺要不可膠形下之器而執著一偏必鎔鑄形上之道參伍錯綜於萬變之中懸一不變以爲之的然後深於化裁其變乃可以廣推行之通也吾友查子玉髯爲數理專家久居講席嘗爲先人窀穸未安教授餘閒輒涉獵於堪輿家言極苦葬經厖雜是丹非素排擊異己獨地理辨正一書蔣大鴻氏疏解楊師之學最爲精邃但於玄空真諦涵而不露非得口傳心授仍苦茫無涯涘旌德江莘農太史得錢塘沈竹礽師心傳本其師說著玄空學行世而後楊公垂二千年不傳之秘乃燦然大明玉髯得江太史遺書昕夕研求無間寒

暑、積久豁然貫通、乃編纂舊聞、於沈氏所未列入如陽宅看法等之義例、一一明圖貼說、務求詳明以補其闕、君固就形而下者之器以深造乎形而上者之道、極化裁之妙、通其變以律建來許、夫固抱以大道公天下之宏願、命名小識、何謙之爲、

民國紀元二十五年丙子中秋月董鍾琪蟄甫氏叙於翥山客次

漢鏡齋堪輿小識

目次

地盤太歲
七煞
月三煞
五行(黃)煞
貴登天門大吉時

年盤太歲附檢查表
年三煞
暗建煞
力士
附贈家先父母像贊傳誌合冊

漢鏡齋堪輿小識

婺源查國珍玉髯氏著

天玉經臆解

本臆解原擬遵照南派體例將蔣章温諸家傳解一一標列再附臆解以供學者參究茲以急就成篇未敢自信倘冀有道之士詳加指正他日全書臆解專刊問世時當遵照南派體例編印幸希鑒諒

江東一卦從來吉八神四個一。江西一卦排龍位。八神四個二。南北八神共一卦。端的應無差。

洛書八卦。惟坤艮通乎中宮。能合經四位起父母之二五八三般卦。又將九星入中。顛之倒之。坤艮中宮。亦無不盡合經四位之父母三般卦。如一入中。順行則艮四坤七。逆行則坤四艮七。合一四七三般卦。二入中。順行則艮五坤八。逆行則坤五艮八。合二五八三般卦。三入中。順行則艮六坤九。逆行則坤六艮九。合三六九三般卦。推之四五六七八九入中。亦復如是。此卽洛書之大用。陰陽之消息。玄空之秘密也。天玉開宗明義。特揭江東一卦云云者。卽闡發父母三般卦之大用也。父母三般卦之關鍵。卽在坤艮。而其大用。在能貫通上中下三元之氣。使天地陰陽之化機。隨時孕育。生生不已。而上山下水反伏吟。皆受卦氣之潛移默化。而不至爲凶。如天盤四六入中。飛星順行。則丑未地元一卦。全局合三般卦。雖上山下水不爲凶也。（坤艮寅申逆行、又旺山旺向、）又天盤二五八入中。飛星順行。則坤艮寅申天人兩元二卦。全局合三般卦。雖五入中上山下水。二八入中上山下水而又伏吟。亦不爲凶也。（丑未逆行、又旺山旺向、）至天盤九一三七入中。飛星或順或逆。其能合三般卦者。只端的中宮一宮耳。故此節首二兩句。實指天盤四六入中地元一卦之丑未而言。三四兩句。實指天盤二五八入中天元人元二卦之坤艮寅申而言。五六兩句。則汎指九一三七入中。以明三般卦之精義在彼而不在此也。何以言之。江東者。江之東也。江西者江之西也。楊公唐時人。唐時疆域。黃河爲中部。長江在南部。江之東。卽巽四之方也。江之西。卽坤二之方也。實指四與二入中言也。四與六對待。二與五八合三般卦故不言六。不言五八。而六與五八入出。亦已在其中也。一卦者。合一四七或二五八或三六九之三般一卦也。從來吉者。因江東一卦。天盤四或六入中。地元之丑未。全局惟合三般卦之吉。不犯反伏吟之凶。故曰從來吉。江西一卦。惟天盤五入中不犯伏吟。二八入中均犯伏吟。（空實不合亦凶）故不曰吉。而曰排龍位。排龍位者。排龍位之空與實也。八神者。坤艮與巽坎離震兌乾巽也。四個者。坐坤向艮。坐艮向坤。山向各有二神。合之共有四個也。江東四入中。全局合三般卦者。只丑未地元一卦。六入中亦然。故山向雖合有四神。而卦只地元一卦也。江西二入中。全局合三般卦者。有坤艮天元與寅申人元二卦。五八入中亦然。故山向合之。雖同有四神。（坤艮與寅申星盤相同）而卦則分天地元人元二卦也。江東山向。合此四神共此地元一卦。故曰四個一也。江西山向合此四神。則有天元人元二卦。故曰四個二也。末二句言南北者。南即九。北即一。指天盤九一入中而言也。不言東西者。以東三西七。在四正之中也。八神共一卦者。言八神之宮。能合三般卦者。惟端的中宮一宮。他宮均不能合也。故曰共一卦。只此端的一卦。或一四七或三六九相應無差。故曰端的應無差也。茲將江東江西南北三卦各列一圖於次。餘類推。

江東卦四運未山丑向

未山

九六三	五二八	七四一
八五二	一七四	三九六
四一七	六三九	二八五

丑向

此局上山下水。不犯伏吟。

江東卦上八運坤山艮向

未向

八二五	四七一	六九三
七一四	九三六	二五八
三六九	五八二	一四七

丑山

此局上山下水。不犯伏吟。

江西卦二運坤山艮向（申山寅向同）

坤山

四一 七	九六 三	二八 五
三九 六	五二 八	七四 一
八五 二	一七 四	六三 九

艮向

此局上山下水。且犯伏吟。

江西卦五運寅山申向（艮山坤向同）

申向

一四 七	六九 三	八二 五
九三 六	二五 八	四七 一
五八 二	七一 四	三六 九

寅山

此局上山下水。不犯伏吟。

以上四局。全局九宮。各合一四七或二五八或三六九之三般卦。

南北卦一運坤山艮向 申山寅向同

坤山

八三九	三八五	一一七
九二八	七四一	五六三
四七四	二九六	六五二

艮向

惟端的中宮一宮。合一四七之三般卦。

南北卦三運丑山未向

未向

七八二	二四七	九六九
八七一	六九三	四二五
三三六	一五八	五一四

丑山

惟端的中宮一宮。合三六九之三般卦。

惟有挨星爲最貴。泄漏天機秘。天機若然安在內。家活當富貴。天機若然安外。家活漸退敗。五星配出九星名。天下任橫行。

謹按此節。爲天玉內傳中篇之第二節。是繫承首節一行卦倒之禍害世人。特揭惟有挨星一訣。廣大精微。難能可貴。而其重要在於天機之安在內與安在外也。挨星即坤壬乙一訣。此訣係由河洛生成之數變化而成。非大聖大賢大智大慧。莫能知之。蔣氏所謂秘中之秘。即在此章。解謂法之最貴是也。天機即坤壬乙一訣之挨法用法。其神秘有非凡庸可得而知者。所謂泄漏。亦僅泄漏其挨法用法之秘而已。能知挨法用法。則知下卦不合不吉之局。當起星以補救之。即山水出卦之局。用兼向替卦以補救之。再得山上排龍。生旺之氣得山。水裏排龍。生旺之氣得水。（在向首或在旁宮得山得水均吉）謂之天機安在內。（地卦出而天卦不出）自然家活當富貴矣若既作替卦之向。而山上生旺之氣。仍不得山而落水。水上生旺之氣。仍不得水而上山。便謂之天機安在外。（地卦既出而天卦又出）又應家活漸退敗矣。五星即坤壬乙巨門從頭出一訣。與蔣氏子癸並甲申、貪狼一路行云云一訣中之貪巨武破弼五星。九星即用九之義。凡替卦無替可尋者皆合十。可替者即用九將上元之一二三與下元之九八七、以貪巨破弼排之。如其當然之故。因用九故謂之九星。（參看附表）至中元乾巽兩宮字字挨武。因已十之作用。順則乾挨武。逆則巽挨武。（辰戌則相反。）以中五作用仍合十也。五星配出九星名者。即以貪巨武破弼五星。分配而替出九星之名也。配出猶巨門從頭出之義。要之玄空大五行之秘奧。其大別只有二法。即下卦一法、起星一法是也。下卦用於正向。起星用於兼向。三元九運。正向共有二百十六局。兼向共有四百三十二局。（兼左二百十六局。兼右二百十六局。）而墓宅山水清純不雜者。惟大龍大結能之。至匆搭小地。其山水多雜出他卦。全憑作者乘旺乘生。配合安排。挨星補救。如能識得挨星補救之法。自然左右逢源。着手皆春。故曰天下任橫行也。

坎一：壬挨巨　子挨貪　癸挨貪

坤二：未挨巨　坤挨巨　申挨貪

震三：甲挨貪　卯挨巨　乙挨巨

離九：丙挨破　午挨弼　丁挨弼

艮八：丑挨破　艮挨破　寅挨弼

兌七：庚挨弼　酉挨破　辛挨破

巨二一破七爲用九
貪一弼九爲合十
貪一弼九爲合十
巨二一破七爲用九
巨二一破七爲用九
貪一弼九爲合十
貪一弼九爲合十
巨二一破七爲用九
巨二一破七爲用九

干維乾艮巽坤壬。陽順星辰輪。支神坎震離兌癸。陰卦逆行取、分定陰
陽歸兩路。順逆推排去。知生知死亦知貧。留取教兒孫。
謹按此節。是承上文既知挨星之秘。以貪巨武破輔五星、分配而替
九星。然星雖用替。而陰陽仍以原來山向二一星所屬爻神之陰陽爲
準則。如天元山向。遇天盤之六八四二。即爲乾艮巽坤陽爻。雖乾替
武。艮替破。巽替武。坤替巨。入中之星。變爲六七六二。而皆從陽順排。
又如地元山向。遇天盤一三七九。即爲壬甲庚丙陽爻。雖壬替巨。甲
替貪。庚替弼。丙替破。入中之星。變爲二二一九七。而皆從陽順排。故曰
干維乾艮巽坤壬。陽順星辰輪也。坎震離兌即子卯午酉陰爻也。癸
乙丁辛、亦陰爻也。故曰支神坎震離兌癸陰卦逆行取也。仍有寅申
巳亥爲陽爻。雖替應從陽順排。辰戌丑未爲陰爻。雖替應從陰逆排。
亦可知矣。入中之星。既已分定陰陽兩路。便衣法順逆推排而去。則
生旺落於何宮。衰死落於何宮。瞭如指掌。如果生旺衰死。體用顛倒。
謂之出卦。出卦家貧乏。故曰亦知貧也。留取教兒孫者。言此法之寶

貴。可以傳之子孫也。

天地父母三般卦。時師未曾話。玄空大卦神仙說。本是此經訣。不說宗枝但亂傳。開口莫胡言。若還不信此經文。但覆古人墳。

謹按此節。是揭出玄空大卦挨星訣之眞傳。極言贊美。告戒學者。終以覆古人墳為確實證驗也。玄空大卦挨星排盡三元九運下卦二百十六局。起星四百三十二局。其中倒排順排。合體合用。變化無窮。所謂天下諸書對不同也。而總括之。則為天地父母三般卦。即各運各向之挨星盤是也。凡挨星盤向盤飛星為天卦。山盤飛星為地卦。運盤挨星為父母卦。共有三卦。故曰天地父母三般卦。此三般卦在此處有此處用法。在彼處有彼處用法。在此時有此時用法。在彼時有彼時用法。直達下卦。有下卦用法。補救起星有起星用法。時師徒知偽訣。何曾話及總之玄空大卦。源出河洛。由古之大聖大賢大智大慧推演出來。眞如神仙說法。亦本是此經訣法。亦即聖聖相傳。師師相授。宗枝一貫之心法也。時師不講宗枝。胡行亂作。執迷不悟。還

不信此經文。但亦去覆古人所扦之墳。用此經訣者禍福如何。用彼
僞訣者禍福又如何。則絲毫不能放過。而眞僞立判矣。楊公救世之
心。何等親切。蔣氏等隱秘天機。不肯泄漏。豈楊公之意耶。

分卻東西兩個卦。會者傳天下。學取仙人經一宗。切莫亂談空。五行山
下問來由。入首便知蹤。

謹按此節。緊承上文天地父母三般卦言之。東西兩個卦。即天卦地
卦逆飛順飛。各分東西兩個也。不言天地。不言順逆。而言東西者。因
天地兩卦。逢陰要逆排。逢陽要順排。最易錯誤。今言分卻東西。則顯
見逢陰即由東至巽至震一路逆排而去。逢陽即由西至乾至兌一
路順排而去。亦猶陽從左邊團團轉。陰從右路轉相通之義也。會者
會得東西順逆之排法也。會得此排法。自然傳徧天下。無不是處。亦
猶天下任橫行之意也。二四兩句。是贊美告戒之詞。五行山下者。中
五立極之所也。山向二星。入中立極。屬陰屬陽。或逆或順。其來由在
於所屬父神。問者審問之意。即審問父神之來由。而定其陽順陰逆

也。入首卽來山。所謂認取來山腦是也。蹤卽八卦流行之蹤。所謂來山八卦不知蹤。八卦九星空是也。

分定子孫十二位。災禍相連值千災萬禍少人知。尅者論宗枝。

謹按此節。是慨嘆時師呆將二十四山板定子孫十二位。分陰分陽。不明宗枝父母陰陽挨排眞訣。以致山上水裏。龍氣受尅。千災萬禍。相連而至。莫知其所以然而歸重於尅者論宗枝一語。此節蔣註章溫諸解。說得明明白白。毋庸再贅。

五行位中出一位。仔細秘中記。假若來龍骨不眞。從此誤千人。

謹按此節。是承上文言分定子孫十二位。固然大錯取禍。而玄空大五行。又有位中與出一位之分別。學者須仔細記取。否則天卦一出。龍骨不眞。必至誤盡世人。其重要在首一句。五行卽玄空大五行。位中卽山之生旺得山。水之生旺得水。好山好水。都在生旺卦位之中。所謂天卦不出是也。出一位卽兼貪兼輔之出一位。亦卽山水錯雜地盤已出卦也。地盤出卦。而用法正合。補救龍神。恰值生旺方是眞龍之骨。謂之出而不出。即在位中。如果地盤山水既犯出卦。而補救又不合。龍神恰值衰死。或山水生旺顛倒。便是龍骨不真。謂之出而又出。斯為真出。而禍不旋踵矣。此節蔣章溫解甚明。

一個排來千百個。莫把星辰錯。龍要合向向合水。水合三吉位。合祿合馬合官星。本卦生旺尋。合凶合吉合祥瑞。何法能趨避。但看太歲是何神。立地見分明。成敗定斷何公位。三合年中是。

謹按此節首二兩句。是言下卦起星以及城門訣法。由一個挨法。推演至千百個挨法。總是一樣訣法挨排。但莫把星辰辨錯。致順逆相反耳。三四兩句。無非要明山水分用。使龍向水（水包括城門言）要與當令之三吉卦位體用相合而已。五六七八四句。言合吉須要生旺始驗。衰死亦凶。如巨入艮坤。生旺則田連阡陌。衰死又疾病損人。震庚會局。生旺則文臣而兼武將之權。衰死又官災刼盜。一四同宮。生旺則功名顯達。衰死又淫亂花酒。蓋九星本無不吉。合時則吉。九星本無有凶。悖時則凶。必有法焉。吉則趨之。凶則避之。其法維何。

下卦不合。則起星以補救之。或水合城門以補救之。是也。末四句言吉凶之應驗。屬何公位。在何年月。總以太歲到方加臨三合吊照。再憑卦氣吉凶。推斷成敗。其驗乃神。此爲楊公救世婆心。披肝露胆之說也。

排星仔細看五行。看自何卦生。來山八卦不知蹤。八卦九星空。順逆排來各不同。天卦在其中。

謹按此節。是緊承上文。莫把星辰錯言之。星辰之陰陽。惟五黃最難分別。而五黃入中。或順或逆。最關禍福。（順則伏吟最凶。逆則合十最吉。）萬不可錯。首句五行。即指五黃一星。言排星時遇五入中。須要仔細察看。察其自何卦主運而來。應寄何宮。屬何爻神。應順應逆。此處一錯。便不知來山八卦順逆挨排之踪跡。而飛挨之八卦九星。滿盤皆空矣。末二句言天盤五入中宮。其順排逆排。各不相同之故。皆憑在中宮主運之天卦而定。如一運天卦坎一在中宮。立地元丙向。則五入中屬坎卦之壬爻。應順排。立天元午向。或人元丁向。則五入中屬坎卦之子爻或癸爻。均逆排。一運天卦坤二在中宮。立地元丑向。則五入中屬坤卦之未爻。應逆排。立天元艮向。或人元寅向。則五入中屬坤卦之坤爻。或申爻。均順排。此卽順逆排來各不同。天卦在其中之義也。在其中者。言天卦運星爻神寄於五之中也。

甲庚丙壬俱屬陽。順推五行。詳乙辛丁癸俱屬陰。逆推論五行。陰陽順逆不同途。須向此中求。九星雙起雌雄異。玄關眞妙處。

謹按此節。特揭出五黃寄宮所屬爻神陰陽之判別法。二四兩句言五行。皆指五入中言。如在三七九一四正卦運星立極之時。五入中屬於甲庚丙壬爻神。則俱爲陽順排。又五入中屬於乙辛丁癸爻神。則俱爲陰逆排。雖不言四正卦之卯酉午子爻神。而卯酉午子爻神俱陰逆排。已可知矣。不言四維卦之辰戌丑未與巽乾艮坤巳亥寅申爻神。而辰戌丑未爻神俱陰逆排。巽乾艮坤巳亥寅申爻神俱陽順排。又可知矣。五六兩句。總言二十四山爻神。雖分運寄於五中。逢陽爻卽爲戊陽土順排。逢陰爻卽爲己陰土逆排。而途徑不同。不可

錯誤。須如首四句之用法求之。末二句持提出五入中逆排一盤。與
洛書本卦一盤。合十交媾以明滿盤九宮。順逆九星。宮宮双双而起。
雌雄相異。配合生生。此之謂真陰陽真消息真夫婦真雌雄。真交媾。
故曰玄關真妙處也。參看下篇識得父母三般卦便是真神路一節
附圖。自有領悟。

坎離水火中天過。龍墀移帝座。寶蓋鳳閣四維朝。寶殿登龍樓。罡劫吊
煞休犯著。四墓多銷鑠。金枝玉葉四孟裝。金箱玉印藏。

謹按此節。是言黃極一星出宮還宮之大用。舉一運離向以例其餘
也。蔣傳章溫諸解。均未將經旨揭出。致使明明白白經旨中五出宮
還宮妙用至今無人道破。茲特揭出。以質識者。按坎離水火中天過
一句。是統言一運離向坎離交媾水火相逮。皆由中天黃婆之出宮。
而顯其神通之大用也。如天盤一入中五到離五代坎。即坎到離。然
到離之坎。係寄中天五中之坎。豈非坎離水火由中天而過耶。坎離
水火既由中天而過。然交不交尚未定也。故僅曰中天過。蓋離向包

丙午丁三爻。丙地元也。與甲庚壬辰戌丑未配地元一卦。午天元也。與子卯酉乾坤艮巽配天元一卦。丁人元也。與乙辛癸寅申巳亥配人元一卦。而到離之五還宮。（卽入中）其妙用又在陰陽上分別。陽順則不交大凶陰逆則交最吉此節二三四三句。均指午向陰逆而言。五六兩句指丙向陽順而言。七八兩句。指丁向陰逆而言午向五入中。五卽子陰也。逆飛九到坎。九卽午龍墀也。一到離。一卽子。帝座也。龍墀帝座易位。故曰移。亦卽中天過也。二到艮。二卽坤。寶蓋也。八到坤。八卽艮。鳳閣也。四維朝也。亦易位也。四到乾。四卽巽。寶殿也。六到巽。六卽乾。龍樓也。易位故曰登。亦四維朝也。至丙向五入中。五卽壬陽也。順飛四到辰。辰本天罡。四到又天罡也。六到戌。戌本天刦。六到又天刦也。八到丑。丑本天吊。八到又天吊也。二到未。未本天煞。二到又天煞也。位位伏吟。故曰犯著。伏吟大凶。故曰休犯著。四墓均煞地。故曰多銷鑠也。又丁向五入中。五卽癸陰也。逆飛四到亥。四卽巳。金枝也。六到巳。六卽亥。玉葉也。八到申。八卽寅。金箱也。二到寅。二

即申玉印也。寅申巳亥。四孟之支也。曰葉曰蕭。易位故也。明圖於左

一運午向

七八（八即艮鳳閣也）	三三	四二（四即巽寶殿也）
午向 一五（一即子帝座也）	五一 即子	九六（九即午龍墀也）
六九（六即乾龍樓也）	七八	二四（二即坤寶蓋也）

一運丁向

八七（八即寅金箱也）	三三	四二（四即巳金枝也）
一五	五一 即癸	九六
六九（六即亥玉葉也）	七八	二四（二即申玉印也）

一運丙向

二七（二即未天祭也）	七三	六二（六即戌天封也）
九五	五一 即壬	一六
四九（四即辰天罡也）	三八	八四（八即丑天吊也）

附註

上三圖龍墀帝座等等參看小識上冊羅經盤式第三層星曜自明

帝釋一神定縣府。紫微同八武。倒排父母養龍神。富貴萬餘春。

謹按帝釋一神離九也。定縣府者。指一運離向言。即以帝釋一神定向之所在。實承上文坎離水火中。天過一節。而申明其大用也。紫微乾六也。八武坎一也。如一運天盤一入中。六到坎一。即紫微同八武也。仍要倒排父母者。指向首之五言也。向首之五入中。非倒排。不能養龍神。即交不交之別也。亦即反吟伏吟之別也。如立午丁向。則五入中倒排。（丙向便順排）九到坎一。帝釋也。山上九六同到坎一以養龍神。中宮一六同到。得五化育以養龍神。所謂九一合十。一六共宗也。向首叔一同到離九。又得一九合十。所謂正神正位裝撥水入零堂。前頭走到五里山。遇着賓主相交接也。而各宮向星。又與洛書本卦均合十。大有三十六宮都是春之妙。所以富貴萬餘春也。

識得父母三般卦。便是眞神路。北斗七星去打劫。離宮要相合。

謹按此節。既緊接上文坎離水火中天過、與帝釋一神定縣府言之。可知離宮要相合者。是言假如上文一運離向天盤五到離宮。（他運天盤五到向首類推）不但一五到離宮。仍要五陰逆行。使與洛書本卦陰陽相見而合十。不要與洛書本卦陰陽相乘而伏吟。章解謂此處五行。（天玉寶照言五行多指五言）正與立極之氣相反。（在立極星之對宮爲反吟）最易發禍。（五入中順行全局犯伏吟大凶）要相合者。要使發禍者變爲發福。相反者轉而爲相合。（五入中逆行全局合十最吉）最爲精當。按洛書八卦九宮。坤二中五艮八合二五八三般卦。坎一巽四兌七合一四七三般卦。震三乾六離九合三六九三般卦。而此三般卦之樞機實在中五。其合成之必經四位。又實爲三般卦之神路。此何易識得者也。再以五爲樞機逆而行之。又得艮二中五坤八合二五八三般卦。離一乾四震七合一四七三般卦。兌三巽六坎九合三六九三般卦。一順一逆。其神妙有帝出乎震者。今又悅言乎兌。而悅言乎兌者。今又帝出乎震。推之齊乎巽。相見乎離。致役乎坤。戰乎乾。勞乎坎。成言乎艮。莫不易位妙合。此之謂眞神路。大易所謂天地合其德。日月合其明。四時合其序。鬼神合其吉凶。先天而天弗違。後天而奉天時者此也。邵子所謂二十六宮都是春者是也。（天盤五入中順行。則宮宮伏吟。雖坤艮中坎巽兌震乾離亦合三般卦。然非真神路矣。不可不知。）蔣氏謂爲三般卦之精髓。而最上一乘之作用。最爲確當。北斗七星去打刦者。北斗帝星也。卽中五黃極是也。七星者。章解謂由現在而逆推到第七。因三般卦之樞機在中五。而關鍵實在坤艮。坤艮中宮二一五八也。由二一五八逆推。卽由二逆數爲二一九八七六五。五是五居第七也。今居第七之五已出宮。故曰去。去打刦者。卽中五黃極出宮還宮之大用也。列圖於左。

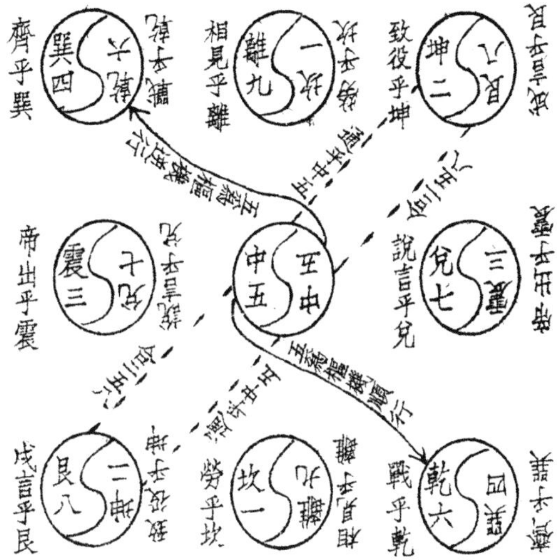

玩此圖可悟極生物。物生極。極物生生。物物一太極之理。

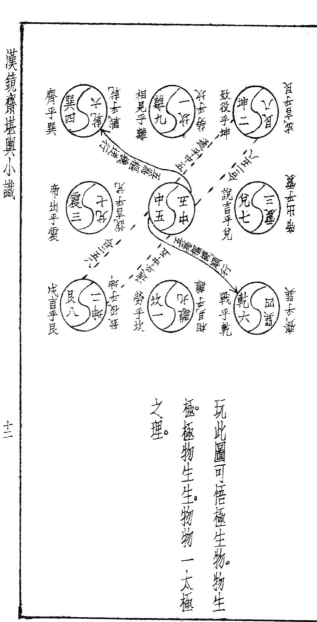

識得陰陽兩路行。富貴達京城。不識陰陽兩路行。萬丈火坑深。

謹按此節。即奧語顛顛倒。二十四山有珠寶。順逆行。二十四山有火坑之意義。而其重要在識得與不識也。陰陽即天盤山向二星之陰陽。山向二星之陰陽。隨氣運而轉移。因山向而變易。如一運天盤五到離。立天元午向。五則爲陰。二運天盤五到艮。同立天元艮向。五又爲陽。一運天盤六到坎。立子山爲陽。二運天盤七到坎。立子山又爲陰山。此隨氣運轉移者也。又如一運立天元午向五爲陰。而丙向五又爲陽。子山六爲陽。而丙向六又爲陰。此因山向變易者也。兩路行者。陽則一路順行。即由中宮而乾而兌而艮而離而坎而坤而震而巽是也。陰則一路逆行。即由中宮而巽而震而坤而坎而離而艮而兌而乾是也。識得陰陽兩路。即知順逆推排而去。我要如何便得如何。自然造化在手。着手皆春。故有富貴達京城之應。如不識得陰反爲陽。陽反爲陰。當逆用順。當順用逆。胡行亂作。其凶禍有如萬丈火坑之深也。

前兼龍神前兼向。聯珠莫相放。後兼龍神後兼向。排定陰陽算。明得零神與正神。指日入青雲。不識零神與正神。代代絕除根。

謹按此節。是承上文陰陽兩路行、而申言其一順一逆之用法也。前兼後兼。乃双星或前或後同到之謂。非兼左兼右之謂也。（下節倒排順排、卽申明山向兩逆或兩順之得失、）龍神指山上旺星向指向上旺星。前兼指同到向首也。聯珠承兼字言。謂山水體用兼合。有璧合珠聯之美。卽山之生旺得山。水之生旺得水是也。莫相放者。莫以山水體用兼合。因丁星下水而放棄不取也。此二句言双星到向山上龍神犯下水者之取用法也。三四兩句。指旺星同到坐山而言。旺星同到坐山。與同到向首不同。因山龍平洋。安墳立宅。坐後多實地。或是高山。旺星同到。眞犯向上龍神上山。定主退財。亦主傷丁。故曰排定陰陽算。言陰陽排定之時。須要推算得與失也。果得坐後山環水繞。或旁宮三叉水口。正合城門一吉。又大可用。總之零正二神。須要分別得明白。認識得淸楚。山上排龍。生旺之氣。要得山。向上排龍。生旺之氣要得水。則無論前兼後兼。均有指日入青雲之應。反之山上生旺之氣故在水裏。向上生旺之氣故在上山。體用顛倒。陰陽相反。零正失宜。自有代代絕除根之應。代代絕除根者。甚言零正不合之凶也。

倒排父母是眞龍。子息達天聰。順排父母倒子息。代代人財退。

天玉內傳下篇首揭旺山旺向之局。如乾山乾向水朝乾云云。次揭双星到向之局。（零神正向與七里打刼各局）如坎離水火中天過云云。均爲下篇重要主旨。讀者須要識得。其餘各節。無非申言用法得失。體用從違。吉凶禍福相關相應而已。上文前兼龍神前兼向一節。申言双星到向或到坐。要明得正神零神。山要得山。水要得水。否則不吉。此節又特揭出旺山旺向之吉與上山下水之凶也。按父母即天盤父母卦之山向二星。山向二星各包三爻。倒排順排。須視山向二星所屬爻神之陰陽而定。如山向爻神俱陰。則倒排父母。當令之旺星到山到向。是爲眞龍。主旺財丁。故曰子息達天聰。若山向爻神俱陽。則顛排父母。當令之旺星上山下水。上山下水。則陰陽相乘。龍神交戰。八宮父母子息爻神。山上水裏。生旺衰死。顛倒差錯。而子息必受艱辛矣。故曰代代人財退。代代人財退者。因生旺失令。體用顛倒。應運遲運。傷丁退財也。

寶照經臆解

本山來龍立本向。反吟伏吟禍難當。自縊離鄉蛇虎害。作賊充軍上法場。明得三星五吉向。轉禍爲祥大吉昌。

謹按本節。特舉天盤五入中宮。順飛犯伏吟大凶。逆飛則合十大吉。示世人知所趨避也。本山來龍者。如一運丙山壬向。山上飛星個個重犯本宮。即犯伏吟。亦即山上龍神個個本山。故曰本山來龍立本向者。如一運壬山丙向。向上飛星個個重犯本宮。即犯伏吟。亦即向上龍神個個本向。故曰立本向。三元九運中。以犯反伏吟山向爲禍最烈。每主家破人亡。故曰反吟伏吟禍難當也。三四兩句。乃形容與災作禍。不一而足。蓋因重犯本宮。則八宮凶煞之氣。一觸即發。而八卦取象。吉則見吉。凶則見凶。今山向大凶。故乾爲賊盜。坤爲小人。震爲草莽。又爲刑具。巽爲自縊。又爲蛇。坎爲桎梏。亦爲盜。離爲刀兵。艮爲虎。又爲驛路（離鄉者多亡於驛路）兌爲離鄉投軍。橫死牢獄。亦爲盜賊。衆凶俱發。故曰自縊離鄉蛇虎害。作賊充軍上法塲也。（以上言丙壬壬丙兩向大凶。）何謂明得二星五吉向。三星即一六八二三星。五吉即當元之一二三吉。合六八而爲五也。此句重在一向字。明得向字。即明得此二星五吉中當元得令之一白。與兼取之六白八白。以補救之。即所謂替卦是。可使發禍者轉爲發福。故曰轉禍爲祥大吉昌也。總之壬丙山向在一運。實無補救之法。因無替可尋。（到離之五無替星。到坎之六雖替不變。）如現在四運。乾山巽向亦犯反伏吟。若震宮有水。而用兼向。震方挨四是也。壬丙山向如此。若爲一運子山午向。或癸山丁向。向首五入中逆飛。八宮星辰均與洛書本卦合十。巳合零神妙用。而一六八向。星同到向。上合三星五吉之妙。比之丙壬壬丙兩向。其吉凶判若天淵。所謂用得則爲珠實。用失則爲火坑也。可不愼所趨避哉。明圖於左。

一運丙山壬向

丙山

四乂七 九	九乂二 五	二乂九 七
三乂八 八	五乂六 一	七乂四 三
八乂三 四	一乂一 六	六乂五 二

壬向

五無替。六替武仍爲六。實無補救辦法。

一運壬山丙向

丙向

七四乂 九	二九乂 五	九二乂 七
八三乂 八	六五乂 一	四七乂 三
三八乂 四	一乂一乂 六	五六乂 二

壬山

六替武仍爲六。五無替。實無補救辦法。

四運乾山巽向兼亥巳戌辰三分

九七 八	二五 一
五二 四	七九 六
一六 九	六一 五

五無替。二二卯卯爲陰。挨巨。故以二一入中逆飛。旺氣四到震。得水。所謂一貴當權。諸凶

四三	三
三四（水）	二
八八	七

偏服也。

一運子山午向癸山丁向同

午向

五六 九	一一 五	三八 七
四七 八	六五 一	八三 三
九二 四	二九 六	七四 二

子山

附說

壬向向上亦一六八。然係山上之星。而非向上之星。丙向山上亦一六八。然係向上之星。而非山上之星。所謂山顛水倒。故大凶。

都天寶照無人得。逢山踏路尋龍脈。前頭走到五里山。遇著賓主相交接。欲求富貴須時來。記取筠松眞妙訣。

謹案此節。是承上文山情水意之眞配合。而又反復叮嚀贊嘆。明示人以零堂正向朝榮暮榮之絕妙法門也。作者贊嘆都天寶照妙訣。

無人識得。如能識得。以之逢山踏路。去尋龍脈。走到前頭。自有配合生生妙處。妙處何在。即五里山也。五里山者。零神之代名詞。即中五黃極臨幸之宮也。黃極臨幸之宮。爲玄關妙處。遇著賓主交接。便是陰陽相見。山水情意。配合生生。故有欲求富貴須時來之顯應。中庸所謂可以贊天地之化育。即可以與天地參者是也。此節獨取五里山正向。正向何在。即一運之子午癸丁兩向。二運之未丑向。三運之卯酉乙辛兩向。四運之辰戌向。五運前十年之丑戌兩向。後十年之辰未兩向。六運之戌辰向。七運之酉卯辛乙兩向。八運之丑未向。九運之午子丁癸兩向皆是也。末句爲反復叮嚀嘆贊之辭。作者猶恐得訣者誤用。禍害世人。故又鄭重曰記取筠松眞妙訣。蓋以零神五之陰陽。須要分辨。辨得五寄宮之陰陽。便知用陰則生。用陽則死。用陰則合十。用陽則伏吟。用陰則陰陽交。用陽則陰陽不交。斯得訣之眞妙諦矣。五用陽者。如一九運之壬丙丙壬。二八運之艮坤坤艮寅申申寅。三七運之甲庚庚甲。四六運之乾巽巽乾亥巳巳亥諸向皆是均爲三元九運中大凶之局。並附及之。

再論五黃寄宮

五黃寄宮。諸家聚訟紛紛。莫衷一是。有謂寄坎離者。有謂寄乾巽者。有謂寄坤艮者。惟吾沈竹礽師則謂隨運轉移。寄於運星。獨五運中五之氣分寄辰戌丑未。（五運前十年寄旺於未辰後十年寄旺於戌丑）山向飛星遇五黃。各寄本山本向。其理出於八卦天數地數生成之大用。確乎不易。今之學者多遵之。蓋河圖一六共宗。二七同道。三八爲朋。四九爲友。五十同途。而洛書九氣一六居西北。二七居西南。三八居東北。四九居東南。一生一成。珠聯璧合。缺其一則不成八卦。故凡任何星盤。視其八宮。何爲一六。何爲二七。何爲三八。何爲四九。內中所缺生數或成數之一字。此一字則玄關之所在。卽五黃是也。故此時同到八宮之五黃。不得不補其所缺。司其化氣。以配合生成之數。而全其大用也。故一入中。五寄坎。二入中。五寄坤。推之三四六七八九入中。亦復如是。此爲五寄入中之星之確論也。

再論兼向用替

兼向用替。取得旺山旺向計十六局。既述於前。茲更略舉數局言之。如八運午山子向。双星到坐。主退財。若兌方有水。艮方有山。作午子兼向。山上飛星八到艮。向上飛星八到兌。且得全局合十。最吉。又如九運亥山巳向。双星到坐。主退財。若震方有水合城門。作亥巳兼向。全局山向飛星合十。山星運星又合十。雖財星九入四。全局向星與天盤伏吟。均不忌。又如四運乾山巽向。犯反伏吟大凶。若震方有水。作乾巽兼向。向上旺星四到震。體用兼收。力量最大。所謂一貴當權。諸凶懾服也。髯見發城董宅。本四運扦乾巽兼向。內堂水口在卯正。合此。但巽乾兼向又不可作。以向星上山故也。又如五運乾巽巽乾亥巳巳亥四向。均犯上山下水。本不吉。戌辰辰戌兩向當旺。本吉。若作兼向。全局飛星。均為八純卦。此之謂無變化無生息。較上山下水反伏吟又更凶矣。以上各例。略見一般。分別明圖於次。

九運亥山巳向兼乾巽壬丙

八運午山子向兼丙壬丁癸

山

三　五 七	七　一 三	五　三 五
四　四 六	二　六 八	九　八 一
八　九 二	六　二 四	一　七 九

向

四運乾山巽向兼戌辰亥巳

向

四　三 三	九　七 八	二　五 一
三　四 二	五　二 四	七　九 六
八　八 七	一　六 九	六　一 五

山

山

二　八 八	六　四 四	四　六 六
三　七 七	一　九 九	八　二 二
七　三 三	五　五 五	九　一 一

向

四運巽山乾向兼辰戌巳亥

山

三　四 三	七　九 八	五　二 一
四　三 二	二　五 四	九　七 六
八　八 七	六　一 九	一　六 五

向

五運乾山巽向兼戌辰亥巳

向		
五五四	一一九	三三二
四四三	六六五	八八七
九九八	二二一	七七六
同		山

巽乾亥巳
巳亥兼向

五運戌山辰向兼乾巽辛乙

向		
七七四	二二九	九九二
八八三	六六五	四四七
三三八	一一一	五五六
	同	山

辰戌兼向

再論北斗打刼

北斗打刼。見於楊公天玉經中。識得父母三般卦。便是眞神路。北斗七星去打刼。離宮要相合一節。余按玄空理法。以下卦諸局言之。應以全局合三般卦與打刼為作法之上乘。惟仝局合三般卦者。限於二五八與四六八運中之坤艮兩卦山向。（參看天玉經解江東一卦一節）不能通於一三七九各運。且不能通於坎離乾巽震兌六卦。至打刼則三元九運。除五運外。各運中均有兩向或一向可用。（四正卦各兩向四隅卦各一向）蔣氏謂此法爲三般卦之精髓。又爲最上一乘之作用。信不虛也。第此法傳者多未得其要領。茲按經文闡而明之。父母三般卦。即一四七、二五八、三六九也。此種三般卦之精髓。實在二五八。因二五八由中五一氣貫通。以見洛書之大關陰陽之消息。即在通乎中五之幾。此幾須要識得。識得此幾便知眞神路矣。如一運之二五八在乾離震三宮。而中五之幾在離。二運之二五八在中艮坤三宮。而中五之幾在艮。三運之二五八在巽兌坎三宮。而中五之幾在兌。餘亦不言可知矣。又二五八流行之路。一運乾離震。二運中艮坤。三運巽兌坎。路雖如此。而幾之眞神所在。則又隨運轉移變動不居。識得轉移變動之幾。始可以言打刼矣。北斗即帝星。中五是也。眞神路既是二五八。即由二逆數二一九八七六五。是五居第七。故曰七星去打刼者。即中五出宮之作用也。或謂運星入中立極而北斗（即五）與其餘七星流行八宮。故曰北斗七星。其理亦合。又按打刼、是中五帝星出宮還宮之大用不言大用而曰打劫者。蓋此法奪造化之天權。歸於吾之掌中。有如打劫然耳。且打劫險象也。得其道則富貴頃時來。失其道則禍起至滅門。所以離宮又要相合也。章解謂此處五行（指五言）正與立極之氣相反。（五在立極星之對宮爲反吟。）最易發禍。要相合者。要使發禍者變爲發福。相反者轉爲相合。換言之。即要使五入中。逆飛合十（與洛書本卦合十）而發福。不要使五入中順飛伏吟而發禍也。離宮之離字。頗含隱謎。人每誤解。不知離宮指向首言。古人言向首時。多以坐北朝南一局爲例。如朱雀在南。而任何向概言前朱雀。青囊序朱雀發源生旺氣。是其例也。天玉三陽水向。亦是活用。非拘言丙午丁。故離宮要相合。指向首宮之五要相合也。或謂五未出宮。係皇極居臨正位有吉無凶。今去打劫。是五離開中宮。合吉則吉。合凶則凶。故離宮必要相合。即要合吉是也。此亦一理。總之北斗打劫。蔣氏目爲最上一乘。可知發福之神速。遠大尤遠過於寅葬卯發之旺山旺向。必有朝貧暮富。賤志。暮榮。富貴頃時來之奇驗。余歷驗打劫諸向。惟向首天盤五到者。其效如神。其他諸家所謂打刼諸局。均不及旺山旺向。祗能作双星到向論。故於經文窮思力索。闡而明之。知必爲天盤五到之向。入中逆飛。方是眞打刼法。識者亦謂然否。

再論二八易位

二八易位之理。其顯見者。坤二西南得朋。東北喪朋。而艮八西南喪朋東北得朋。故易位也。玆更以卦理言之。先天卦之乾一兌二離三震四巽五坎六艮七坤八。其數係分別卦序。如條文之用甲乙丙丁。非卦之涵數也。否則中央之五與巽五。又用何法區別耶。江氏河洛精蘊謂乾一兌二等數爲虛數。其實數乃是乾九兌四離三震八巽二坎七艮六坤一。順之爲坤一巽二離三兌四艮六坎七震八乾九。如此則卦位之數與後天八卦吻合。（先天乾南九。後天離南亦九。餘亦然）亦足證先後天同出一源也。先天卦象由陽儀（指初畫）而成卦者均居左（乾☰兌☱離☲震☳）由陰儀而成卦者均居右。（坤☷艮☶坎☵巽☴）震八居東北。巽二居西南。以中極爲巽二震八易位之樞紐。雷風相薄。萬物化生。造化之幾。發端於此。何也。蓋八卦既成。元子丁盛起。代八父爲政。長男長女。爲人道之所以始。而易道之生生不息。皆由巽震二八相交而化成之。此亦造化自然之理也。若不易位。則巽居東北。震居西南。自北而東。由坤母而巽離兌三女。自南而西。由乾父而震坎艮三男。豈不順序。然而陰自爲陰。陽自爲陽。无消息。无往來。而造化之幾亦息矣。故必易位。然後雷風相與。巽而動。剛柔皆應。其卦曰恒。天地之道。乃恒久而不已也。再以後天言之。坤二居西南。艮八居東北。坤艮土也。坤濕土。繼離火之後。居兌金之前。惟其濕。故乃能受離火之生。而化兌金之精。否則火炎土燥。反不能生金矣。艮燥土。繼坎水之後。居震木之前。燥土不能滋木。得坎水以潤之。而木華實矣。西南非濕土不能成致役之功。東北非燥土不能收成言之果。因成果。果又生因。艮也者。其終萬物始萬物之玄關乎。而能終之始之者。二八易位故也。附圖於次。默而玩之。

河洛同源圖

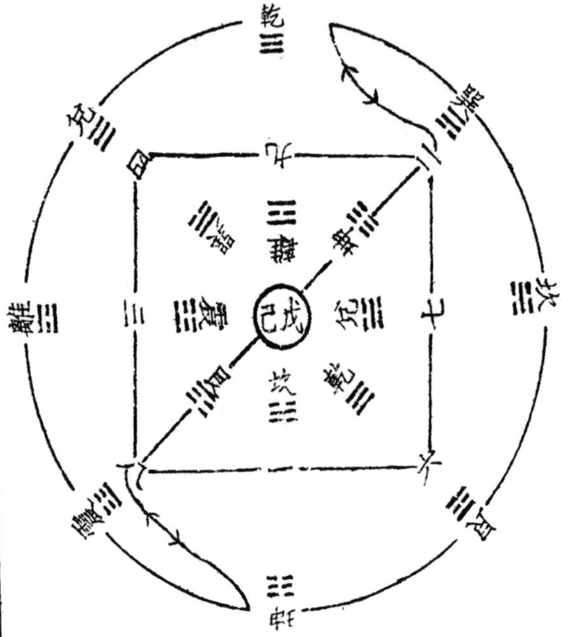

附說

先天震巽互通中央。後天乾巽互接中五。而一二五八尤為先後天溝通一大關鍵。故一切吉凶神煞。皆由四維而來。

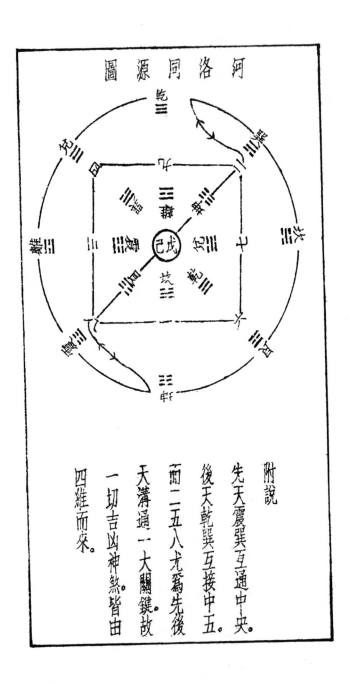

三十六宮都是春槪論

邵子詩云。乾遇巽時爲月窟。（鬚按乾遇巽。卽後天卦之逆行也。由中五逆行。乾六挨巽位。是乾遇巽也。參玩洛書順逆交合圖。）地逢雷處見天根。（鬚按地卽坤。後天之神位。卽先天之巽位。此地字頗含隱謎。雷卽震。實卽巽逢震。先天卦之逆行也。由中央逆行。巽挨震位。震位卽雷處也。參玩河圖順逆交合圖。）天根月窟閒來往。（鬚按來往明指一順一逆而言。）三十六宮都是春。所謂三十六宮者。以先天八卦言之。乾對坤。震對巽。坎對離。艮對兌。卦畫奇耦相配。合之均九。總之爲三十六。此一理也。以後天八卦言之。奇畫共十二。耦畫共二十四。總之亦三十六。（先天卦亦然）此又一理也。以先後天六十四卦言之。不可反易者計有八卦。乾坤頤大過小過中孚坎離是也。（例如頤卦䷚。反易之。卽初上易。二五易。三四易。爲䷚。仍頤卦也。故不可反易。）可反易者計有五十六卦。（例如天地否䷋。反易之。卽地天泰䷊。故可反易。反易卽綜卦。）半之二十八卦。加不可反易者八卦。亦三十六。此又一理也。以六十四卦分陽儀陰儀言之。不可易者各四卦。共八卦。其餘相對適均。反而易之。亦二十八。合之亦三十六。此又一理也。總之八卦之理數。往者順。知來者逆。易之大用。即逆數也。河圖逆而卦與爻皆陰陽相見。洛書逆而卦與數皆牝牡合十。相見合十。都是春也。河圖洛書。一本同源。相摩相盪。來往皆春。造化之幾。即在於此。是乃天地生成之大用。自然而然。旡思旡爲。而又旡所不包。旡所不備者也。識者靜而觀之。玩而悟之。大而化之。神而明之。放而彌之。卷而藏之。易之道無餘蘊矣。神乎妙哉。

河圖順逆交合圖

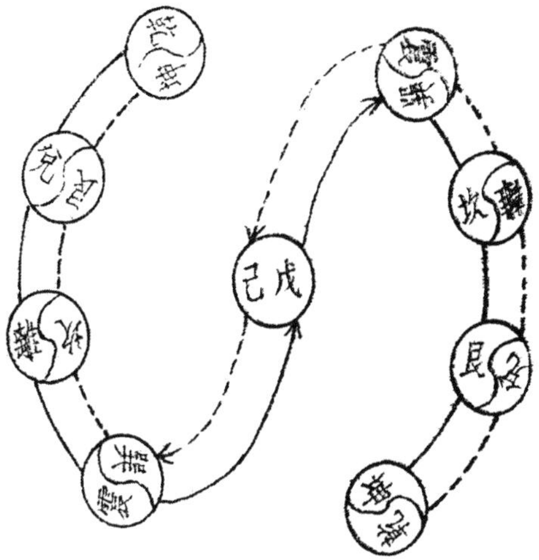

洛書順逆交合圖

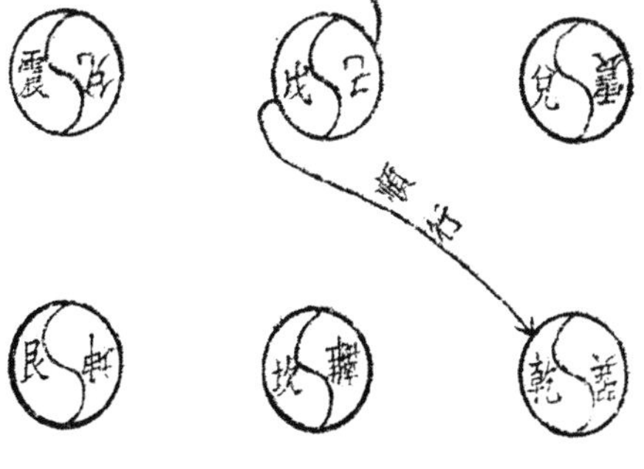

二十三

三吉五吉概論

墓宅水法要取三吉五吉者。一在乘時取其生旺。以求速發。一在兼取輔弼補救。以圖悠久。三吉即一六八三星。如奇門之獨取休開生爲三吉。而五吉則合三般卦而兼取三吉者也。故曰天元取輔人地兼貪取輔者。如天元一二三運。在一運取一二三生旺之星爲三般。兼取六八兩星爲五吉。在二運取二三四生旺之星爲三般。兼取六八兩星爲五吉。兼貪者。如人元四五六運。在四運取四五六生旺之星爲三般。兼取八一兩星爲五吉。在五運取五六七生旺之星爲三般。兼取八一兩星爲五吉。又地元七八九運。在七運取七八九生旺之星爲三般。兼取一六兩星爲五吉。在八運取八九一生旺之星爲三般。僅取六白一星爲四吉。總之墓宅向星一盤。最要者向星要得水。主本運即發。次之生氣之星得水。主繼續運仍發。至兼貪兼輔之星得水。不過生旺運行過之後。又得接續之星。如聯珠補救。方可悠久不替耳。

龍運相尅概論

墓宅坐實朝水。龍脉眞的。挨星又得旺山旺向。或令星同到向首。可謂體用兼得矣。然尤要察近穴入首一節龍脉有無剋洩。凡運剋龍曰剋。龍剋運曰洩。逢剋則絶。逢洩則衰。最宜注意。如九紫運立午山子向。令星双九到向。諺云弗吉。若龍脉從兌方入首。山上飛星六到兌。六爲乾屬金。即犯火運剋金龍矣。便主少丁。逢此來脉。勿貪向旺。宜立午子兼向。則山上用替星六入中順飛。而兌方之乾金變爲八白艮土。非特不剋。而反得火運生土龍之妙。主人丁大旺。又如六白運丙山壬向。令星双六到向。諺云弗吉。若龍脉從巽入首。山上飛星九到巽。九爲離屬火。即犯火龍剋金運矣。便主丁衰。逢此來脉。勿貪向旺。宜立丙壬兼向。則山上用替星二入中順飛。而巽方之離火變爲一白坎水。非特不剋。而反得金運生水龍之妙。且爲旺山旺向。向上山上均一六八。最吉。主人丁大旺。明圖於左。

九運午山子向

九運午子兼向

	午	
三六八	八一四	一八六
二七七	四五九	六戊三二
七二三	九九五	五四一
	子	

六運丙山壬向

	丙	
九戊三五	五七一	七五三
八四四	一二六	三九八
四八九	六六二	二一七
	壬	

	午	
五六八	一一四	三八六
四七七	六五九	八三二
九二三	二九五	七四一
	子	

山上即巽屬陽、替武曲故以六入中順飛、

六運丙壬兼向

	丙	
一三五	六七一	八五三
九四四	二二六	四九八
五八九	七六二	三一七
	壬	

山上四即壬、屬陽、替巨門、故以二一入中順飛、

凡舊宅欲乘時合運開闢旺門攝取旺氣須從舊宅起造時元運星盤之向上飛星一盤察其現在當旺之星飛臨何宮即於該宮開門乘旺惟所開之門應在何爻應立何向又須以現在運盤挨到該宮之星獨取陰逆爻神如城門一吉用法方為真旺例如一運壬山丙向之屋旺星到坐又犯伏吟本屬凶宅然向上飛星二到坤待交二運於坤宮開門正乘旺氣但二運天盤挨星八到坤八即丑艮寅三爻惟丑屬陰與坤宮未爻相當宜於坤宮未方開門向未則於起造時之向上星盤既乘旺氣而於現在運盤又得城門旺氣斯真為旺門矣又按沈氏玄空學宅斷會稽任宅七運子午兼壬丙向屋內申時每見女鬼向上飛星八到坤交八運錢鑪巖於未方為開一門鬼遂不現緣坤宮向星八到固為八運旺方然不開坤方門取與子午向同元一氣而必開未方門何也蓋八運天盤五挨坤在八運五寄艮即丑艮寅三爻若開坤方門止與五中艮爻相當艮陽也不合城門用法仍是旺而不旺今開未方門恰當五中丑爻丑陰也入中逆飛旺氣八到未正合城門用法此乃

旺上加旺。其旺門也。又湖塘下。陳宅。八運亥山巳向。巳方照墻阻塞。不能開門。大開門於寅方。向上飛星四到寅。本爲衰死之氣。天盤二挨寅寅。人元也。二之人元爻陽也。入中順飛。五黃到寅門。故主大凶。（寅方大門。似與亥巳向同元一氣。不知天卦均出大凶）何以開丑門。又主二十年吉利。（丑方開門。不與亥巳向同元一氣。顯犯差錯之病。不知天卦不出反吉）蓋天盤挨到艮宮之二。即未坤申。而未陰也。與丑相當。故丑門丑向。正合城門一吉。八白旺星到丑門。此不旺而變旺也。八運二十年。八白當旺。故主二十年吉利。又城門一吉。運過即凶。故只主二十年吉利。毫釐之差。謬以千里。開門豈易言哉。故開此門（有二要點切宜注意。一須查明起造時元運星盤。現在當旺之星。落於何宮。即於何宮開門。二須查明現在元運天盤挨到之星。用何爻神。正合城門一吉。即在該爻神方開門。向該爻神。斯不誤矣。

公位房分概論

中州書所論公位房分。大都呆執洛書本卦四正方位坐北朝南一局推斷（歷代建都均坐北朝南諸書遂執此爲例）因震爲長男居左便以左砂斷長房人丁離爲中女在向坎爲中男在坐便以朝山坐山斷仲房人丁兌爲少女居右便以右砂斷幼房人丁此取五居中順局即呆執山用順法也又五居中逆行震到兌位居右離坎易位仍居坐向兌到震位居左故又以右水斷長房財祿左水斷幼房財祿坐向之水仍斷仲房財祿即呆執水用逆法也復有分左爲一四七房分坐向爲二五八房分右爲三六九房分者更有由左而向而右依次排去分論孟仲叔季房分者且有用二十八宿發砂看其生旺奴洩煞以論房分財丁貴者然皆呆法證之事實每不應驗惟玄空所論公位房分全着眼於活潑潑之九星卦象卦理所謂活潑潑者係九星流行之方位即元運之挨飛星也卦理即相生相剋相乘相見之卦理卦象如乾爲老父先天數一凡老父家長長房均屬之坤爲老母又爲寡宿後先數二凡老母寡婦或二房均屬之震爲長男巽爲長女凡長房或長子長媳長女均屬之坎爲中男離爲中女凡仲房或中子中女均屬之艮爲少

男、兌爲少女。凡幼房或幼子、少婦、男孩、女孩均屬之。推斷時。先看九星之生旺衰死。次看卦理之生剋得失。再參合有形山水。悉憑卦象。以斷吉凶禍福。屬何公位。屬何房分。其驗乃神。（太歲或紫白加臨之年月必應）例如沈氏玄空學仲山宅斷常州張姓祖墓。一運癸山丁向。双一到向。六白飛巽。向首有水。巽方會聚。斷長房發秀。次房丁秀大盛。而財亦旺。蓋六爲乾屬長。又爲官星主秀。巽方水會聚。故長房發秀。六不當旺。且乾金生向上坎水。故長房無財。双一爲坎爲中男。又爲魁星。當旺得水。故次房丁秀大盛。而財亦旺。不大旺者。以向水不大故也。又章氏祖墓。二運壬山丙向。天盤六到向。飛星双二到向。斷家主不壽。世出寡婦。及被僧尼耗財。蓋六爲乾。爲金。爲老父。爲家主。双二爲土。土重埋金。六到離位。亦受火剋。故家主不壽。双二臨向。二爲寡宿。失運即應。故世出寡婦。壬丙向二即坤卦之末爻。末爻僧尼也。故被僧尼耗財。又鮑姓祖墓。三運辛山乙向。艮方高巃高峰。無水。向首有水映照。天盤六到艮。艮方飛星。山上二。向上七。向首山上飛星七到。斷七、運二、二房、官、訟、不止。

且房、房損、女丁。蓋六爲官星主官訟。二一即坤卦。後天數二。一同臨艮方。嵏峰高塞。故二一房官訟不止。艮方之七。向上龍神上山。向首之七。山上龍神下水。七爲少女。當運而反失陷。安得不房房損女丁。又胡宅七運甲山庚向。山顛水倒。本主不吉。離門四二一九同到。門前有直路冲進。斷姑、媳、不睦。蓋二一爲坤。爲地。爲老母。如姑。四爲巽。爲風。爲長女。如媳。直路冲門。見形見氣。秘旨云。風行地而硬直難當。室有欺姑之婦。故主姑媳不睦。然姑受欺未至氣結而死者。以門上有九到。火能生土故也。又某宅八運未山丑向。乾坎二方。水纏故光。坎宮四六九同到。乾宮四一九同到。乾宮地盤是六。亦四六九也。斷有、女人、身穿、紅、衣、黑、背心。坐而、吊、死。悉、驗。蓋乾爲首。巽爲繩。直繩繫于首。縊死象也。水纏放光。形氣俱惡。書曰。巽宮水路纏乾。主有懸樑之厄。故主吊死。四九爲陰卦。乾金剋巽木。故主女人吊死。六爲地盤之金。非天盤之金。金重不能懸起。故主坐而吊死。又九一同宮。九爲離。紅色。離中虛。落於坎位。坎黑色。且中滿。填補離中虛。故穿紅衣黑背心也。又施姓祖墓。二一運酉山卯向。向首有水挨星九到。飛星双二一到。斷世、出寡婦、瞽目。蓋双二一爲寡宿。失運必應。寡宿疊見。故世出寡婦。二一爲坤。爲土。九爲離。爲目。土入於目。爲地火明夷。故又主寡婦瞽目。又某姓祖墓五運癸山丁向。兌方尖峰高塞。双七與八同到。斷兩女、一子。皆啞。蓋七飛兌。巳犯伏吟。伏吟宜水宜通。不宜閉塞。今尖峰高塞。卦氣不通。七爲兌。兌爲少女。爲口舌。双七到兌。故二女啞。八爲艮。爲少男。今到兌位。故一子亦啞。又裴姓祖墓二運未山丑向。兌方有河開洋。經乾方曲折。繞向首。至巽方石橋下消出。兌宮三六到向首。令星二得水。乾宮三七到。巽宮六九到。斷長子。因姦傷足。次子、先充兵丁。而後致富。悉驗。蓋辰方石橋高聳。飛星六爲老父。屬長子。九爲中女。老父中女。配非正耦。故主姦淫。乾宮三二爲震。爲足。七爲兌。爲毀折。爲兌金折震足之象。加之水流曲折。故主因姦傷足。兌宮開洋。六爲乾。爲軍吏。三即震。兌宮有庚（因係未丑向）震庚會局。亦主武爵。故充兵丁。然何以不屬長子而爲次子。因長巳折足。旺氣之二一到山到向。向上有水。故主二房。且致富也。以上諸例。既詳且盡。其餘舉一反三可也。然必須按形局與理氣合參。以上各地。其形勢必係偏局。若形勢佳者。向係到山到向。水得零神。地囚不住。主房房皆吉。

年命生肖概論

年命生肖。以八宮所到星辰合闔推斷。如坐向山水秀美。即以坐向所到星辰推斷某年命生肖人發迹。旁宮水合城門。秀峰合吉。即以該宮或對宮所到星辰推斷某年命生肖人發迹。按沈氏玄空學宅斷上虞鯉魚山錢姓祖墓。二運辛乙兼酉卯。向首震宮九二同到。九中有丙。二中有申。故斷丙申命發詞林。又上虞某姓祖墓。二運乙山辛向。向首酉宮四七同到。四中有巳。七中有酉。故斷巳酉命人富貴。又錢茶山祖墓。二運丑山未向。離宮城門。對宮七九同到坎方。七中有庚。九中有丙。坎即子也。故斷庚子丙子命貴。又東溪周宅。八運酉卯兼辛乙。坐山八到。八爲少男。中有丑寅。故斷肖牛肖虎學生。被先生打死。此皆實例。其他類推可也。

財丁貴徵驗概論

水主財祿。故斷財氣。當從向水或旁水止蓄聚穴之方。看其向盤臨水之星。如臨水之星當旺遇年盤太歲或地盤太歲或當運之年星加臨。必主旺財。如臨水之星衰死遇太歲或當運之年星加臨。又主退財。山主人丁。故斷人丁。當從龍之入首坐山或峰巒圓淨之方。看其山盤飛到之星。如飛到之星生旺。遇年盤太歲、或地盤太歲、或當運之年星加臨。必主添丁。如飛到之星衰死。遇太歲或衰死之年星加臨。又主傷丁。即遇當旺之年星加臨。亦主凶禍。此因虛不受補故也。城門三叉向水秀峰。均主貴秀。故斷貴氣。當從水合城門。三叉交會。流神屈曲。更得秀峰聳峙之方。看其星盤有一四到否。或有一六到否。如一四同到。或一六同到。遇太歲加臨。或年星一四六加臨。必主發貴。年命生肖合局者尤發。

小識尾聲

堪輿之學。巒頭為體。理氣為用。青囊天玉諸經。實為理氣正宗。惜闡解理法。蔣氏秘之。章溫諸子尤而效之。千餘年來幾失傳矣。清末沈竹礽師。於易極深研幾。旁通斯道。於理於法。發而明之。秘而宣之。哲嗣姚氏。江師華農。彙集遺稿。印而行之。郭楊之學。於是大明於世。余幼承庭訓。聞父言蔣氏辨正。爲地學正宗。但不易解。十四喪父。家傳地書。散失無存。今欲徒讀父書。亦不可得。民國甲子。得華農師編印沈氏玄空學四冊。朝夕研求。一年後盡通其法。乙亥春。拉雜敘述所得。油印堪輿小識一冊問世。丙子增益之。蒙沈公瓞民爲之鑒定。又得鮑咏松曹霽聲程少章江植棠孫星三等諸友。醵資相助。復石印四百部。部分兩冊。計百數十頁。并附先人傳贊。合冊於次。余壯歲憶父所言。購蔣氏辨正讀之。苦思力索。終少領悟。讀沈書後。再閱辨正。無不了了。總之玄空理法。只有三般卦一法。（全局合三般卦）合零神一法。（包括北斗打刼法）合十一法。旺山旺向一法。城門一法。双星到向一法。双星到坐一法。上山下水一法。反伏吟一法。（即不合零神一法。）并替卦一法。法法雖如此。而用則全憑目巧心靈。體用兼得。挨生棄死。趨吉避凶。乃能召福而免禍。合三般卦固吉。而中有犯反伏吟者。空實不合亦凶。合零神固吉。而誤作兼向。犯伏吟亦凶。合十固吉。而誤作兼向。卦爻差錯亦凶。旺山旺向固吉。而坐水朝實亦凶。合城門固吉。而三叉水口。不在相當爻神之方。誤在差錯之方亦凶。双星到向固吉。而坐虛朝實亦凶。双星到坐固凶。而坐虛朝實反吉。上山下水固凶。而坐水朝實反吉。反伏吟固大凶。而作兼向用替。能使向星之旺氣得水亦吉。至於替卦一法。係因砂水出卦差錯。難作正向。必作兼向消納砂水。用挨星法以爲補救。更要隨地取裁。將山上生旺之星挨到得山之宮。向上生旺之星挨到得水之宮。如果生旺之星。山水各得。體用各合。無論向首坐山旁宮其發福應驗。亦無軒輊也。若體用不合。山水兩失。切勿妄兼。丙子立冬。小識印成。書此以當筆聲。

漢鏡齋堪輿小識附錄

婺源查國珍玉髯氏述

得地首在積德

沈書云得地首在積德。若子孫不能積德。終遭天譴。予生平目擊者有六(一)吾鄉王姓。二運辛卯年。葬一乾山巽地。(旺山旺向向首一四同宮。)甲午子捷秋闈。遂横行鄉里。丁酉年。墓爲蛟水冲破。次年子入京應試竟客死。(一)上虞北鄉某。八運丑山未向。(旺山旺向。全局合十。)子孫繁盛富甲一鄉。而多行不義。至一運末年。蔭木爲大風拔去。連年喪丁。財亦日絀。(一)杭州西溪某紳。二運葬丑山未地。(旺山旺向全局合十。離宮四一六同到。巽宮一六到。)旺丁旺財。科名亦盛。而某紳在任貪酷。三運初。有人於其來龍葬一穴。其家遂敗。(一)蘇州七子山下某姓。二運甲申年。葬甲山庚穴。(双二到向。)城門在未。以八入中。二到未。得城門一吉。葬後補吾省某縣缺。喜殺無辜。忽墓前大樹爲風拔去。某遂革職。(一)寧波阿育王寺山附近。有楊姓墓。巽山乾向。二運乙酉年扦。（旺山旺向。）財丁兩旺。楊某重利盤剝。與上海會審委員某相結負債愆期必押追。癸巳年終。因錢債迫死兩命。次年甲午日人犯順當道以該山地當要道。駐兵其間。墓爲圈入楊某一家。是年冬。均患喉症死。(一)嘉興陳善人地。乾山巽向。八運扦。（旺山旺向。）財丁兩旺。惟不發科名。二運乙酉年。里中無賴子習堪輿。藉端索詐不遂。乃於艮方置一天燈。是年其裔孫竟捷闈。（八運向上飛星四到艮。二運乙酉年年盤紫白一到艮。爲一四同宮。故捷秋闈。）

天星選擇撮要

一選擇。先定造葬山向。方有主宰。

一選擇。先選曆書所宜之日。不犯太歲、歲破、年月三煞、及年月日時五黃等諸凶煞。且與命宮無冲剋者。然後查七政恩用諸法。其課要內外本末兼顧。純粹無疵。

一造葬以坐山宿度爲重。命宮、命主、并向次之。

一造葬宜用斗杓指山。如或不能。亦不必拘。特斗杓指向。則不可耳。

一心月狐有二星。中一點爲天王大帝。宜輪到山。其對宮不可用事。

一安命宮以所選用事之時。加於太陽月將之宮。順時計之方向數去。遇卯安造命。遇酉安葬命。

一造命之法。以恩用仇難爲主。如春分以後爲陽令。宜用陰星相輔。命主宜泊木宮、水宮。如木宮安命。取水孛爲用星。又生我爲恩。金星尅我爲難。火羅陽星爲忌。秋分後爲陰令。宜用陽星相輔。命主宜泊土宮火宮。如土宮安命。取火羅爲恩爲用。木星爲難。水孛陰星爲忌。若夏日水宮安命。命主又泊水宮。冬日火宮安命。命主又泊火宮。是謂星宮得地。花滿揚鞭。最上格也。至於日月兩宮。四時皆可安命。而得力則在晝用日。夜用月。春秋二分時爲平氣。水孛、火羅、金土、計皆可陰陽兼用。

一造葬要取日月恩用。與山向、命主、命宮、有情關照。其所謂關照者。守照夾輔關拱六者。其前後參差不越六度之外也。本宮爲守。對宮爲照。隔一宮爲夾。隔二宮爲輔。隔三宮爲關。隔四宮爲拱。惟對宮兩旁之宮無情。即所謂吉星落陷也。各宮各星所躔之度。與我所安所坐所向之度。前後參差三度中隔一二度爲最親切。中隔五度爲半親切。在五度之外。不相涉矣。

一五星四餘。不論吉星惡曜。只論恩用仇難。

一安命要分深淺。深則論宮。淺則論度。如初入宮前七度。與將出宮後七度。俱爲淺。再各加半度。共去十五度。惟中十五度乃爲深耳。試以子宮論。自子宮初度爲斗二十一度。至二十八度爲牛三度。實爲子宮之第七度。俱以淺算。安在斗度。則命主屬木。安在牛度。則命主屬金。子金爲第七度。牛四度乃歧度。不可以立向安命矣。子宮二十三度亦是歧度。自二十三度至二十九度。俱爲淺。屬虛日鼠。以日爲命主。不得作子算。以土爲命主。餘宮倣此

一日月食前後各七日不用。

一水火同宮度不用。

一羅孛同宮度不用。

一日月與土星同宮度不用。
一日羅同宮度不用。
一月計同宮度不用。
一恩用退伏爲凶。忌難退伏爲吉。
一有與太陽衝者不用。
一羅計攔截日月恩用命主無他星混雜者最吉。
一忌難當天照我雖不親切亦不可用。（我者山向命宮主也）
一雖用動盤爲主而靜盤亦須詳審。（動爲用靜爲體）
一天星入宮太淺須移前湊合。當用時之上刻。天星入宮過深須退後湊合。當用時之下刻。如山向與天星適中者則取時之中刻。

以上撮要言之。至參伍錯綜神而明之則存乎其人矣。茲將動靜兩盤及天星用法舉例說明於次。

例壬子年甲辰月辛卯日乙未時葬丑山未向墳。或造丑山未向宅。

先查臺曆本年月辛卯日。七政四餘躔何宮何宿度。分填動盤各宮之內。此動盤、即天盤也。一日順旋一周。一時順移一宮。如左動盤。因辰月月將在酉。故太陽躔酉。若用酉時。則十一曜宮度不變。動盤之酉宮日水二星。仍在靜盤酉宮之內。今因未時。則動盤酉宮之日水二星。已轉至靜盤未宮之內。戌宮之土星巳轉至靜盤申宮之內。其他星躔亦然。

漢鏡齋堪輿小識附錄

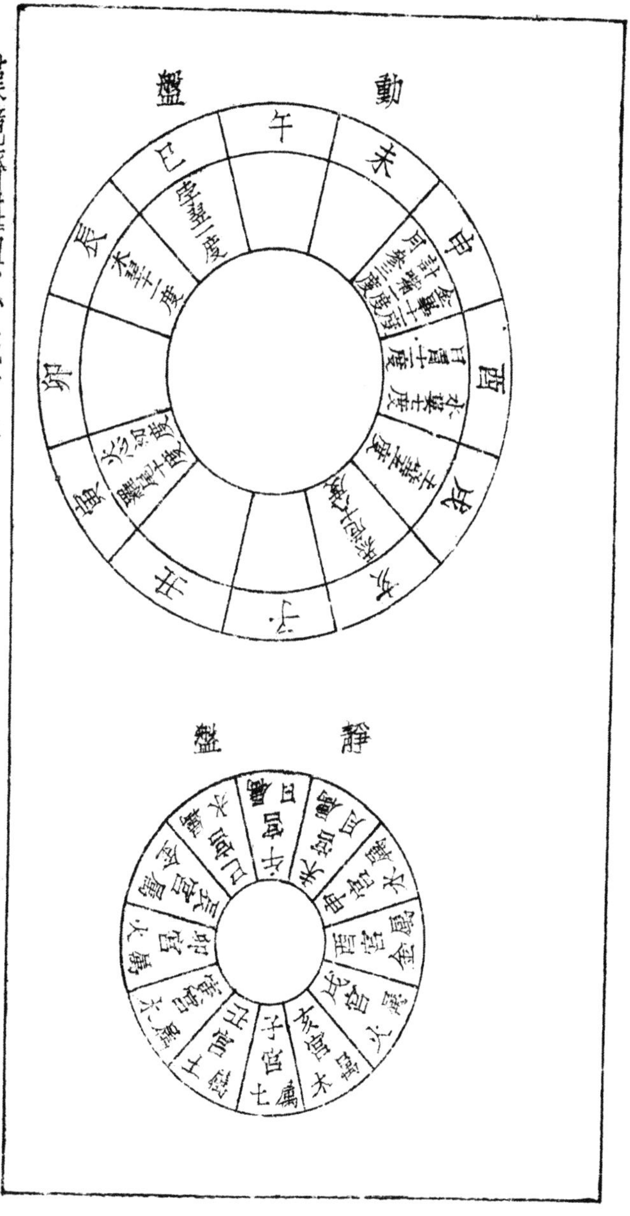

四

動盤加靜盤上

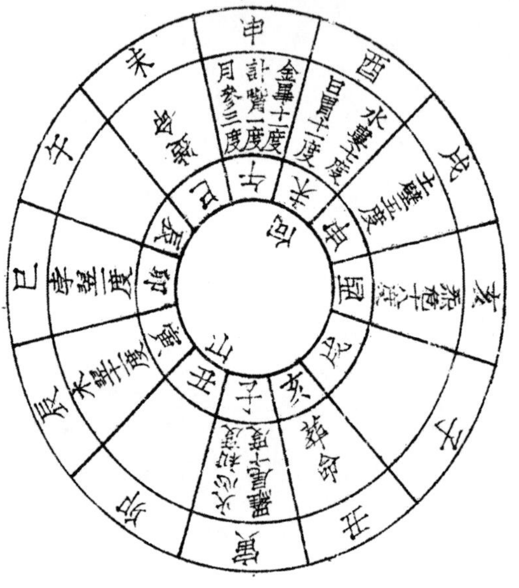

靜盤卽地盤不動者也至動盤加於靜盤之法卽以動盤月將在酉之酉宮加於靜盤選用未時之未宮上（用月將加時法）然後本日未時十一曜之躔次定矣又從靜盤未宮順數至酉酉上爲動盤之亥故葬命安於靜盤之亥宮屬木再從靜盤未宮順數至卯卯上爲動盤之巳故造命安於靜盤之巳宮屬水安命既定再論格局木

命以水爲恩。未宮水星。卯宮孛星。二合拱照葬命。水命水爲命主。水孛二星。双輔造命。恩主伴日。太陽最喜水星。同臨向上正照。宮位又淨眞造命之最吉者也。

例辛亥年戊戌月辛卯日（十月初一）辛卯時葬酉山卯向

葬命屬金

格取日月合朔到向。命主金

星伴日月。土計双恩輔命拱

日月。五星相生。火羅守垣。

秋分後金水孛火羅土計並

用。卯山酉向同。

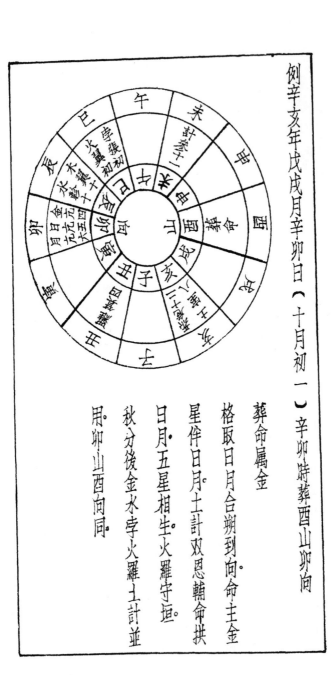

例辛亥年己亥月乙巳望日己卯時葬酉山卯向

葬命屬金

格取日月對望。正照山向。金水輔日。五星相生。土計双恩拱山拱向拱月拱日拱命。火羅守垣。卯山酉向同。

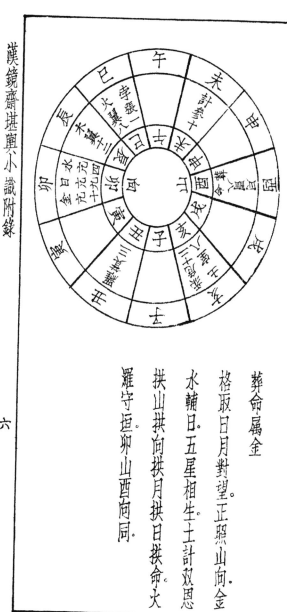

例庚戌年庚辰月乙酉日丁丑時葬丑山未向

葬命屬水

三月水命用金作救。格取太陰到向正照。命主水星同恩金輔日。又夜用太陰式。凡朔望之日。陰陽和合。不遇薄蝕。俱作吉占。朔宜用晝時。望宜用夜時。

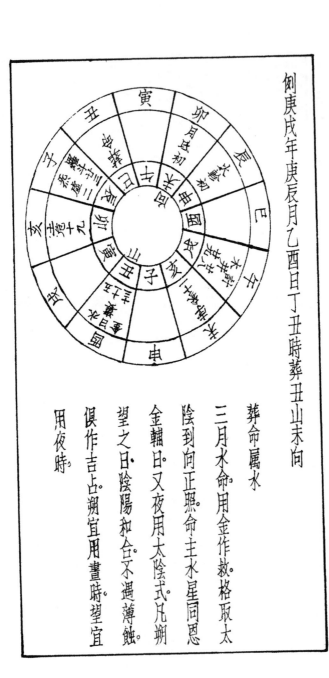

例丙午年戊戌月己未朔日庚午時葬子山午向

葬命屬日

日月構精於朔相見於望陰陽和合萬物化生凡遇俗術拘忌不通之處即用朔望二時對向行事無不迪吉

漢鏡齋堪輿小識附錄

七

日月合朔及對望二法

選日之最善者。有日月合朔日月對望二法。然徒載之書册。而不聞世人用之者。以無傳授不得用之之竅也。凡事欲知將來。先證已往。明季無錫顧憲臣之父家貧十五六夜於祖塋上偷葬不知立何山向。但看天上月明處。對而葬之。後憲臣中丙子解元庚辰會魁兄弟各成進仕。五代科甲。非日月對望之明效乎。合朔之美。從可知矣。

每一時分爲八刻。一二三四刻爲上四刻。五六七八刻爲下四刻。如子時一二刻（上四刻）隸壬。七八刻（下四刻）隸癸。三四五六刻（中刻）隸正子。（查後載太陽到方時刻表用更精確）太陽從東而西。每一時歷一宮。每宮三十度。兩刻歷七度半。四刻歷十五度。八刻歷三十度。第二時又過一宮。太陰亦一時歷一宮。但一時遲太陽一度。一日遲十二度。餘遲至半月十五日。計遲一百八十度。與太陽度正東西相對而爲望。望後又遲十五日。計半。個月。計遲一百八十度。至第二宮。與太陽同宮同度而爲合朔。成一個月。周十二宮次。復與前春正月之合朔相同、乃成一歲。知此方能用朔望之度數與時刻也。但用太陰、乃取其光在天照耀、以酉時起丑時止。爲用太陰之時。非但十二至十七此五日爲美。即初六初七日。廿六廿七日亦美。茲將太陰出海及到山向時刻。分述於左。

初一初二卯時出海。　初三初四初五辰時出海。前月廿八日至初五日。月無幾。共八日不用太陰時。

初六初七巳時出海。　酉時到丁未山向。　戌時到坤申山向。亥時到庚酉山向。

初八初九初十午時出海。　酉時到丙午山向。　戌時到丁未山向。　亥時到坤申山向。　子時到庚酉山向。

十一十二未時出海。　酉時到巽巳山向。　戌時到丙午山向。亥時到丁未山向。　子時到坤申山向。

十三十四十五申時出海。　酉時到乙辰山向。　戌時到巽巳山向。　亥時到丙午山向。　子時到丁未山向。

十六十七酉時出海。　酉時到甲卯山向。　戌時到乙辰山向。
亥時到巽巳山向。　子時到丙午山向。　丑時到丁未山向。
十八十九二十戌時出海。　酉時到艮寅山向。　戌時到甲卯山
向。　亥時到乙辰山向。　子時到巽巳山向。　丑時到丙午山向。
廿一廿二亥時出海。　戌時到艮寅大光。　亥時到甲卯大光。
子時到乙辰大光。　丑時到巽巳大光。
廿三廿四廿五子時出海。　子時到甲卯大光。　丑時到乙辰大
光。
廿六廿七丑時出海。　丑時到甲卯大光。　寅時到乙辰光稀。
廿八廿九三十寅時出海。　自廿八至初五共八日無光可用。若
十五十六十七。遇着太陽太陰眞正對望時刻。吉莫大焉。
依照右列各日出海之時。即將此時加於卯宮順數。便知太陰某
時到某山向。然曰酉時起丑時止者。酉時太陽既入地而月有光
寅時日將出地。而月無光。故起於酉而止於丑也。

假如甲子年十一月初一戊戌日申時初一刻。日月合朔於寅。（曆書載明）若用申時。（以寅將加申時）造葬寅山。得日月臨向。申山得日月臨坐。子辰二山得日月三合拱照。巳亥二山得日月關照。或用酉時。（以寅將加酉時）造葬卯山。得日月臨向。酉山得日月臨坐。巳丑二山。得日月三合拱照。子午二山。得日月關照。即四正拱照。餘時倣此而推。此法宜用晝時。不可用夜時。因夜時無日光可用也。

假如甲子年四月十六丙戌日亥時初一刻十分。日月對望。日躔昴二度在申。月躔房初度在寅。若用亥時。（以申將加亥時）造葬亥山。得日臨坐。月臨向。巳山得月臨坐。日臨向。寅申二山。得日月關照。或用子時。（以申將加子時）造葬子山。得日臨坐。月臨向。午山得月臨坐。日臨向。卯酉二山。得日月關照。十二時皆可用。因晝時受日之光。夜時受月之光。此法更為簡捷。同道者識之。

造葬山向既定。再查臺曆通利之年十二個月中。何月合朔或對望時刻。恰與所立山向同支、（如上例申時合朔。造葬申寅山向。）或同支之左右兩爻。（如申山之坤庚兩爻寅山之艮甲兩爻）即取該月合朔或對望之時爲用事之時。乃最親切而最吉。如山向不能恰合。則取合朔或對望之前後二時能合山向者用之。亦最吉。（如上例申時合朔。造葬卯酉二山即用酉時）其他時刻。俱不親切。因月躔每時遜太陽一度。已非合朔或對望之時矣。

年月日時紫白

年白起例　上元甲子年一白入中宮。中元甲子年四綠入中宮。下元甲子年七赤入中宮。按年逆輪九星。按星順飛九宮。假如甲子年中宮起一白。乙丑年中宮起九紫。此逆輪九星也。甲子年一白在中五。二黑在乾六。此順飛九宮也。月九星輪飛準此。九星值年

月白起例　子午卯酉四仲年。正月八白入中宮。辰戌丑未四季年。正月五黃入中宮。寅申巳亥四孟年。正月二黑入中宮。按月逆輪九星。按星順飛九宮。九星值月

日白起例　冬至前後甲子爲上元。一白入中宮。雨水前後甲子爲中元。七赤入中宮。穀雨前後甲子爲下元。四綠入中宮。按日順輪九星。按星順飛九宮。陽順也

夏至前後甲子爲上元。九紫入中宮。處暑前後甲子爲中元。三碧入中宮。霜降前後甲子爲下元。六白入中宮。按日逆輪九星。假如上元甲子日中宮起九紫。乙丑日中宮起八白。此逆輪九星也。甲子日九紫在中五。一白在巽四。此逆飛九宮也。陰逆也、例見八門會遁、

日白置閏例　每十二年置一閏。每六閏後。閏以八年置一閏以齊之。計七十二年六閏。八十年七閏爲一週。以後仍係十二年置第一閏。廿四年置第二閏。六閏之後。閏以八年置一閏。如此循環。週而復始。永無增減。

自午會十二運。七世第一年。中元甲子歲。即民國十三年起第十二萬六千九百四十九週之第一年。將來乙亥年應置第一閏。

日白置閏說明　查協紀辨方所載。只有年月紫白起例。並未道及日

白因須行曆書向不列載逐□紫白也然日白之法堪輿家多有用者
如前日白起例歷六甲子而周一歲惟歲實三百六十五日又四之一
而六甲子僅三百六十日是每年不及歲實者五日又四之一如此相
沿三十七年後不及歲實者積爲一百九十四日又四之一則應在冬至
至前後陽順之上元必將挨在夏至前後而與陰逆之上元顛倒位置
矣故必須依法置閏以使盈縮相均陰陽燮理其法按每十二年置一
閏不及歲實者尚有三日積至六閏後不及歲者十八日再待八年不
及歲實又積四十二日連前六閏所積之十八日共成六十日整數故
六閏後間以八年置一閏則恰合其數毫無盈縮蓋八十年歲實盈差
共四百二十日而七閏日數亦適四百二十日恰能度盡毫無殘零也
故以七十二年六閏八十年七閏爲一周周而復始又起十二年一閏
六閏後第七閏只用八年仍如前周之例循環不已永遠爲例起算之
期應按七曜齊元之法始于上古甲子年甲子月甲子日子正冬至日
月合璧五星連珠皆合于子是爲上元出此項紀元惟太乙積年可考

算至中元甲子歲(民國十三年)爲一千零一十五萬五千八百四十一年。以八十年一周之數收之。得十二萬六千九百四十八周零一年。故中元甲子歲(民國十三年)應爲第十二萬六千九百四十九周之第一年。即自上元癸亥歲(民國十二年)十一月初十甲子日起上元(冬至前五日)一白入中宮。順輪順飛。如法推之。至今年乙亥年(民國二十四年)十一月十九日。(冬至前九日)值第一閏。一白入中宮順輪順飛。丁亥年值第二閏。己亥年值第三閏。辛亥年值第四閏。癸亥年值第五閏。下元乙亥年值第六閏。癸未年值第七閏。共八十年爲一周。周周而復始。仍如前法推算。乙未年值第一閏。第十二萬六千九百五十周之第一閏。從而起矣。

時上紫白。於選擇亦關重要。雖選擇家書。有載挨排歌訣。并檢查表者。然應用時。因陰陽順逆不同。每易錯誤。茲分別陰局陽局生旺暮日。逐時挨排於次。

冬至後陽局寅申巳亥四生日十二時挨排於左。(逐時順挨九

宮順飛）

子時

三	八	一
二	四	六
七	九	五

丑時

四	九	二
三	五	七
八	一	六

寅時

五	一	三
四	六	八
九	二	七

卯時

六	二	四
五	七	九
一	三	八

辰時

七	三	五
六	八	一
二	四	九

巳時

八	四	六
七	九	二
三	五	一

午時

九	五	七
八	一	三
四	六	二

未時

一	六	八
九	二	四
五	七	三

申時

二	七	九
一	三	五
六	八	四

酉時

三	八	一
二	四	六
七	九	五

戌時

四	九	二
三	五	七
八	一	六

亥時

五	一	三
四	六	八
九	二	七

冬至後陽局辰戌丑未四暮日十二時挨排於左

子時

六	二	四
五	七	九
一	三	八

丑時

七	三	五
六	八	一
二	四	九

寅時

八	四	六
七	九	二
三	五	一

卯時

九	五	七
八	一	三
四	六	二

辰時

一	六	八
九	二	四
五	七	三

巳時

二	七	九
一	三	五
六	八	四

午時

三八一
二四六
七九五

未時

四九二
三五七
八一六

申時

五一三
四六八
九二七

酉時

六二四
五七九
一三八

戌時

七三五
六八一
二四九

亥時

八四六
七九二
三五一

冬至後陽局子午卯酉四旺日十二時挨排於左

子時

九五七
八一三
四六二

丑時

一六八
九二四
五七三

寅時

二七九
一三五
六八四

卯時

三八一
二四六
七九五

辰時

四九二
三五七
八一六

巳時

五一三
四六八
九二七

午時

六二四
五七九
一三八

未時

七三五
六八一
二四九

申時

八四六
七九二
三五一

酉時

九五七
八一三
四六二

戌時

一六八
九二四
五七三

亥時

二七九
一三五
六八四

夏至後陰局寅申巳亥四生日十二時挨排於左（逐時逆挨九宮逆飛）

子時

七	二	九
八	六	四
三	一	五

丑時

六	一	八
七	五	三
二	九	四

寅時

五	九	七
六	四	二
一	八	三

卯時

四	八	六
五	三	一
九	七	二

辰時

三	七	五
四	二	九
八	六	一

巳時

二	六	四
三	一	八
七	五	九

午時

一	五	三
二	九	七
六	四	八

未時

九	四	二
一	八	六
五	三	七

申時

八	三	一
九	七	五
四	二	六

酉時

七	二	九
八	六	四
三	一	五

戌時

六	一	八
七	五	三
二	九	四

亥時

五	九	七
六	四	二
一	八	三

夏至後陰局辰戌丑未四暮日十二時挨排於左

子時

四	八	六
五	三	一
九	七	二

丑時

三	七	五
四	二	九
八	六	一

寅時

二	六	四
三	一	八
七	五	九

卯時

一	五	三
二	九	七
六	四	八

辰時

九	四	二
一	八	六
五	三	七

巳時

八	三	一
九	七	五
四	二	六

夏至後陰局子午卯酉旺日十二時挨排於左

午時

七	二	九
八	六	四
三	一	五

未時

六	一	八
七	五	三
二	九	四

申時

五	九	七
六	四	二
一	八	三

酉時

四	八	六
五	三	一
九	七	二

戌時

三	七	五
四	二	九
八	六	一

亥時

二	六	四
三	一	八
七	五	九

子時

一	五	三
二	九	七
六	四	八

丑時

九	四	二
一	八	六
五	三	七

寅時

八	三	一
九	七	五
四	二	六

卯時

七	二	九
八	六	四
三	一	五

辰時

六	一	八
七	五	三
二	九	四

巳時

五	九	七
六	四	二
一	八	三

午時

四	八	六
五	三	一
九	七	二

未時

三	七	五
四	二	九
八	六	一

申時

二	六	四
三	一	八
七	五	九

酉時

一	五	三
二	九	七
六	四	八

戌時

九	四	二
一	八	六
五	三	七

亥時

八	三	一
九	七	五
四	二	六

太陽到方（卽逐日眞太陽到向到山）

劉青田佐玄直指云歷數太陽臨四維用四維時。臨八干用八干時。臨十二支用十二支時。乃爲歸垣合局。其訣一日只一時妙甚此青田眞訣也。假如地係子山午向此日只午時太陽到向先一時則太陽在巳後一時則太陽在未。遂與午向不合且同一午時中刻太陽在午正照向首。若在初刻則太陽在丙若在末刻。則太陽在丁亦與午向不合。又如地係艮山坤向。候未時七八刻申時一二刻則太陽到坤先則在未後則在申此所以云一日只一時也。亦卽六壬月將加時之法知此則不必拘冬至太陽在丑止做丑山或丑向矣每日二十四山皆可用太陽惟所造葬之地是乙向卽候乙時太陽卽到乙地是丁向卽候丁時。太陽卽到丁太陽到向。陽光正照諸煞全避何忌之有然太陽之尊其陽光照注在天則有入地則無用時之法以日之出地入地爲準夏日長則自卯至酉從晝論自戌至寅從夜論冬日短則自酉至卯從夜論自辰至申從晝論其在夏也則酉辛戌乾亥壬子癸丑艮寅甲卯此十三山。皆有日光在天。俱用向上之時。乙辰巽巳丙午丁未坤申庚。此十一山則用坐山之時。以太陽到向上之時。乃入地而無光可見也。至於冬月。惟卯酉二山。無日光可取。其餘則或坐或向。仍不失也。此外再查太陽躔次。（即用事日躔度）如太陽躔箕水豹。我所造葬山向分金在四木宿。則水來生木。大吉。若分金在四水宿。則水來助水。亦吉。若分金在四土宿。則土去尅水。次吉。分金在四金宿。金見水則爲洩。分金在四火宿。火見水則爲煞。均不吉。如此分別生尅制化。精密無以復加。而諸凶煞均不足論矣。附太陽到方時刻表於次。

北平日太陽到方時刻表

雨水 霜降			立春 立冬			大寒 小雪			小寒 大雪			冬至			節氣 時刻分 地平方位
時	刻	分	時	刻	分	時	刻	分	時	刻	分	時	刻	分	
子	初三	〇〇	子	初三	〇二	子	初三	〇四	子	初三	〇五	子	初三	〇五	子
子	正一	〇〇	子	正初	一三	子	正初	一一	子	正初	一〇	子	正初	一〇	癸
子	正三	〇一	子	正二	〇九	子	正二	〇四	子	正二	〇一	子	正二	〇〇	丑
丑	初一	〇七	丑	初初	一〇	丑	初初	〇一	子	正三	一一	子	正三	〇八	艮
丑	正初	〇六	丑	初三	〇五	丑	初二	〇六	丑	初一	一二	丑	初一	〇九	寅
寅	初初	〇四	丑	正二	一三	丑	正一	一〇	丑	正初	一三	丑	正初	〇八	甲
寅	正一	〇六	寅	初三	一〇	寅	初二	〇五	寅	初一	〇五	寅	初一	〇〇	卯
卯	初三	〇七	卯	初一	一二	卯	初初	〇六	寅	正三	〇六	寅	正三	〇〇	乙
辰	初一	〇八	卯	正三	〇九	卯	正二	一四	卯	正二	〇〇	卯	正一	一二	辰
辰	正二	一三	辰	正一	〇四	辰	正初	一三	辰	正初	〇四	辰	正初	〇〇	巽
巳	初三	〇四	巳	初二	〇八	巳	初一	一四	巳	初一	〇八	巳	初一	〇六	巳
巳	正三	〇〇	巳	正二	〇九	巳	正二	〇四	巳	正二	〇〇	巳	正一	一四	丙
午	初二	〇六	午	初二	〇四	午	初二	〇二	午	初二	〇一	午	初二	〇〇	午
午	正一	〇九	午	正一	一一	午	正一	一三	午	正一	一四	午	正二	〇〇	丁
未	初一	〇〇	未	初一	〇六	未	初一	一一	未	初二	〇〇	未	初二	〇一	未
未	正初	一一	未	正一	〇七	未	正二	〇一	未	正二	〇七	未	正二	〇九	坤
申	初一	〇二	申	初二	一一	申	初三	〇二	申	初三	一一	申	正初	〇〇	申
申	正二	〇七	酉	初初	〇六	酉	初一	〇一	酉	初一	一四	酉	初二	〇三	庚
酉	正初	〇八	酉	正二	〇三	酉	正三	〇九	戌	初初	〇九	戌	初一	〇〇	酉
戌	初二	〇八	戌	正初	〇五	戌	正一	一〇	戌	正二	一〇	戌	正三	〇〇	辛
戌	正三	一一	亥	初一	〇二	亥	初二	〇五	亥	初三	〇二	亥	初三	〇七	戌
亥	初三	〇九	亥	正初	一〇	亥	正一	〇九	亥	正二	〇三	亥	正二	〇六	乾
亥	正二	〇八	亥	正三	〇五	亥	正三	一四	子	初初	〇五	子	初初	〇七	亥
子	初初	一四	子	初一	〇六	子	初一	一一	子	初一	一四	子	初二	〇〇	壬

北平日太陽到方時刻表

地平方位	驚蟄寒露 時	刻	分	春分秋分 時	刻	分	清明白露 時	刻	分	穀雨處暑 時	刻	分	立夏立秋 時	刻	分
子	子	初二	一三	子	初二	一〇	子	初二	〇八	子	初二	〇六	子	初二	〇三
癸	子	正一	〇二	子	正一	〇五	子	正一	〇七	子	正一	〇九	子	正一	一二
丑	子	正三	〇八	丑	初初	〇一	丑	初初	〇八	丑	初一	〇〇	丑	初一	〇六
艮	丑	初二	〇四	丑	初三	〇二	丑	初三	一四	丑	正初	一一	丑	正一	〇七
寅	丑	正一	〇八	丑	正二	一二	寅	初初	〇〇	寅	初一	〇三	寅	初二	一一
甲	寅	初一	一二	寅	初三	〇六	寅	正一	〇〇	寅	正二	〇八	卯	初初	〇七
卯	寅	正三	〇三	寅	正二	〇〇	卯	初二	一二	卯	正初	〇九	卯	正二	〇四
乙	卯	正一	〇三	卯	正一	〇一	辰	初初	一三	辰	初二	〇九	辰	正初	〇四
辰	辰	初三	〇〇	辰	正初	一〇	辰	正二	〇六	辰	正三	一一	巳	初一	〇二
巽	巳	初初	〇〇	巳	初一	〇四	巳	初二	〇七	巳	初三	一〇	巳	正初	一一
巳	巳	正初	〇二	巳	正初	一四	巳	正一	〇四	巳	正二	〇九	巳	正三	〇五
丙	巳	正三	〇八	午	初初	〇〇	午	初初	〇〇	午	初初	一四	午	初一	〇六
午	午	初二	〇八	午	初二	一一	午	初二	一三	午	初三	〇〇	午	初三	〇三
丁	午	正一	〇七	午	正一	〇四	午	正一	〇二	午	正一	〇〇	午	正初	一二
未	未	初初	〇七	未	初初	〇〇	未	初初	〇〇	午	正三	〇一	午	正二	〇九
坤	未	初三	一三	未	初三	〇一	未	初二	一一	未	初一	〇六	未	初初	一〇
申	申	初初	〇〇	未	正二	一一	未	正一	〇八	未	正初	〇五	未	初三	〇四
庚	申	正一	〇〇	申	初三	〇五	申	初一	〇九	申	初初	〇四	未	正二	一三
酉	酉	初二	一二	申	正二	一四	申	正三	〇二	申	正一	〇六	申	初三	一一
辛	戌	初初	一二	酉	正一	〇〇	酉	正一	〇三	酉	初三	〇六	酉	初一	一一
戌	戌	正二	〇三	戌	正初	〇九	戌	正三	〇〇	戌	初一	〇七	酉	正三	〇八
乾	亥	初二	〇七	亥	初一	〇三	亥	初初	〇〇	戌	正二	一二	戌	正一	〇四
亥	亥	正一	一一	亥	正初	一三	亥	正初	〇一	亥	初三	〇四	亥	初二	〇八
壬	子	初初	〇七	子	初初	〇〇	亥	正三	〇七	亥	正三	〇〇	亥	正二	〇九

北平日太陽到方時刻表

地平方位＼節氣	小滿 大暑 時	小滿 大暑 刻	小滿 大暑 分	芒種 小暑 時	芒種 小暑 刻	芒種 小暑 分	夏至 時	夏至 刻	夏至 分
子	子	初二	○二	子	初二	○一	子	初二	○○
癸	子	正一	一三	子	正一	一四	子	正二	○○
丑	丑	初一	一一	丑	初二	○○	丑	初二	○一
艮	丑	正二	○一	丑	正二	○七	丑	正二	一○
寅	寅	初三	○二	寅	初三	一一	寅	正初	○○
甲	卯	初一	○二	卯	初一	一四	卯	初二	○四
卯	卯	正三	一○	辰	初初	一○	辰	初一	○○
乙	辰	正一	一○	辰	正二	一○	辰	正三	○○
辰	巳	初二	○五	巳	初二	一三	巳	初三	○七
巽	巳	正一	○九	巳	正二	○三	巳	正二	○七
巳	巳	正三	一四	午	初初	○四	午	初初	○七
丙	午	初一	一一	午	初一	一四	午	初二	○八
午	午	初三	○四	午	初三	○五	午	初三	○五
丁	午	正初	一一	午	正初	一○	午	正初	一○
未	午	正二	○四	午	正二	○一	午	正一	○七
坤	未	初初	○一	午	正三	一一	午	正三	○八
申	未	初二	○六	未	初一	一二	未	初一	○八
庚	未	正一	一○	未	正一	○二	未	正初	○八
酉	申	初二	○五	申	初一	○五	申	初一	○○
辛	酉	初初	○五	申	正三	○五	申	正三	○○
戌	酉	正二	一三	酉	正二	○一	酉	正一	一一
乾	戌	正初	一三	戌	正初	○四	戌	初初	○○
亥	亥	初一	一四	亥	初一	[illegible]	亥	初一	○五
壬	亥	正二	○四	亥	正二	○○	亥	正一	一一

右表係依北平北極出地高度推得各節氣中日太陽到方時刻。如冬至節作午方。宜用午初二一刻至午正二一刻。皆爲日太陽到午方。若作丙方。宜用巳正一刻十四分至午初二一刻。皆爲日太陽到丙方。餘倣此。

徽州日太陽到方時刻表

地平方位 \ 節氣 時刻分	冬至 時	冬至 刻	冬至 分	小寒 大雪 時	小寒 大雪 刻	小寒 大雪 分	大寒 小雪 時	大寒 小雪 刻	大寒 小雪 分	立春 立冬 時	立春 立冬 刻	立春 立冬 分	雨水 霜降 時	雨水 霜降 刻	雨水 霜降 分
子	子	初三	一一	子	初三	一一	子	初三	一〇	子	初三	〇八	子	初三	〇五
癸	子	正初	〇四	子	正初	〇四	子	正初	〇五	子	正初	〇七	子	正初	一〇
丑	子	正初	一二	子	正初	一三	子	正一	〇二	子	正一	〇八	子	正二	〇〇
艮	子	正一	〇一	子	正一	〇九	子	正二	〇一	子	正二	一二	子	正三	一〇
寅	子	正二	〇五	子	正二	〇九	子	正三	〇六	丑	初初	〇八	丑	初一	一三
甲	子	正三	一四	丑	初初	〇六	丑	初一	〇九	丑	初三	〇四	丑	正一	〇三
卯	丑	初三	〇九	丑	正初	〇三	丑	正一	一四	寅	初初	〇二	寅	初二	一一
乙	寅	初三	〇五	寅	正初	〇四	寅	正一	一二	卯	初初	〇一	卯	初二	〇九
辰	卯	正一	〇二	卯	正一	〇八	卯	正二	一一	辰	初初	〇六	辰	初二	〇六
巽	辰	正初	一一	辰	正一	〇〇	辰	正一	一一	辰	正二	一三	巳	初初	〇三
巳	巳	初二	〇四	巳	初二	〇六	巳	初二	一三	巳	初三	〇九	巳	正初	〇七
丙	巳	正二	〇八	巳	正二	一〇	巳	正二	一四	巳	正三	〇五	巳	正三	一二
午	午	初二	〇四	午	初二	〇四	午	初二	〇五	午	初二	〇七	午	初二	一〇
丁	午	正一	一一	午	正一	一一	午	正一	一〇	午	正一	〇八	午	正一	〇五
未	未	初一	〇七	未	初一	〇五	未	初一	〇一	未	初初	一〇	未	初初	〇三
坤	未	正一	一一	未	正一	〇九	未	正一	〇二	未	正初	〇六	未	初三	〇八
申	申	初三	〇四	申	初三	〇〇	申	初二	〇四	申	初一	〇二	未	正三	一二
庚	酉	初二	一三	酉	初二	〇七	酉	初一	〇四	申	正三	〇九	申	正一	〇九
酉	戌	正初	一〇	戌	初三	一一	戌	初二	〇三	酉	正三	一四	酉	正一	〇六
辛	亥	正初	〇六	亥	初三	一二	亥	初二	〇一	戌	正三	一三	戌	正一	〇四
戌	子	初初	〇一	亥	正三	〇九	亥	正二	〇六	亥	正初	一一	亥	初二	一二
乾	子	初一	一〇	子	初一	〇六	子	初初	〇九	亥	正三	〇七	亥	正二	〇二
亥	子	初二	一四	子	初二	〇六	子	初一	一四	子	初一	〇三	子	初初	〇五
壬	子	初三	〇三	子	初三	〇二	子	初二	一三	子	初二	〇七	子	初三	〇〇

徽州日太陽到方時刻表

地平方位 \ 節氣時刻分	驚蟄寒露 時	刻	分	春分秋分 時	刻	分	清明白露 時	刻	分	穀雨處暑 時	刻	分	立夏立秋 時	刻	分
子	子	初三	○三	子	初三	○○	子	初二	一二	子	初二	一○	子	初二	○七
癸	子	正初	一二	子	正一	○○	子	正一	○三	子	正一	○五	子	正一	○八
丑	子	正二	○八	子	正三	○二	子	正三	一○	丑	初初	○三	丑	初初	一○
艮	丑	初初	○九	丑	初一	○九	丑	初二	○九	丑	初三	○八	丑	正初	○六
寅	丑	初三	○五	丑	正初	一二	丑	正二	○五	丑	正三	一二	寅	初一	○二
甲	丑	正三	○四	寅	初一	○六	寅	初三	○八	寅	正一	○九	寅	正三	○九
卯	寅	正一	○六	卯	初初	○一	卯	初二	一一	卯	正一	○六	卯	正三	一四
乙	卯	正一	○四	卯	正三	一四	辰	初二	○九	辰	正一	○四	辰	正三	一三
辰	辰	正初	○七	辰	正二	○九	巳	初初	一一	巳	初二	一二	巳	正初	一一
巽	巳	初一	一○	巳	初三	○三	巳	正初	一○	巳	正二	○二	巳	正三	○七
巳	巳	正一	○六	巳	正二	○六	巳	正三	○六	午	初初	○五	午	初一	○三
丙	午	初初	○五	午	初初	一三	午	初一	○七	午	初二	○○	午	初二	○七
午	午	初二	一二	午	初三	○○	午	初三	○三	午	初三	○五	午	初三	○八
丁	午	正一	○三	午	正一	○○	午	正初	一二	午	正初	一○	午	正初	○七
未	午	正三	一○	午	正三	○二	午	正二	○八	午	正二	○○	午	正一	○八
坤	未	初二	○九	未	初一	○九	未	初初	○九	午	正三	一○	午	正二	一二
申	未	正二	○五	未	正初	一二	未	初三	○五	未	初一	一三	未	初初	○八
庚	申	初三	○八	申	初一	○六	未	正三	○四	未	正一	○三	未	初三	○四
酉	酉	初二	一一	酉	初初	○一	申	正一	○六	申	初二	一一	申	初初	○二
辛	戌	初二	○九	酉	正三	一四	酉	正一	○四	酉	初二	○九	酉	初初	○一
戌	亥	初初	一一	戌	正二	○九	戌	正初	○七	戌	初二	○六	戌	初初	○六
乾	亥	正初	一○	亥	初三	○三	亥	初一	一○	亥	初初	○三	戌	正二	一三
亥	亥	正三	○六	亥	正二	○六	亥	正一	○六	亥	正初	○七	亥	初三	○九
壬	子	初一	○七	子	初初	一二	子	初初	○五	亥	正三	一二	亥	正三	○五

徽州日太陽到方時刻表

地平方位	小滿大暑 時	刻	分	芒種小暑 時	刻	分	夏至 時	刻	分
子	子	初二	○五	子	初二	○四	子	初二	○四
癸	子	正一	一○	子	正一	一一	子	正一	一一
丑	丑	初一	○一	丑	初一	○五	丑	初一	○七
艮	丑	正一	○二	丑	正一	○九	丑	正一	一一
寅	寅	初二	○四	寅	初三	○○	寅	初三	○四
甲	卯	初一	○四	卯	初二	○七	卯	初二	一三
卯	辰	初二	○三	辰	初三	一一	辰	正初	一○
乙	巳	初二	○一	巳	初三	一二	巳	正初	○六
辰	巳	正二	○六	巳	正三	○九	午	初初	○一
巽	午	初初	○九	午	初一	○六	午	初一	一○
巳	午	初一	一四	午	初二	○六	午	初二	一四
丙	午	初二	一三	午	初三	○二	午	初三	○三
午	午	初三	一○	午	初三	一一	午	初三	一一
丁	午	正初	○五	午	正初	○四	午	正初	○四
未	午	正一	○二	午	正初	一三	午	正初	一二
坤	午	正二	○一	午	正一	○九	午	正一	○一
申	午	正三	○六	午	正二	○九	午	正二	○五
庚	未	初一	○九	未	初初	○六	午	正三	一四
酉	未	正一	一四	未	正初	○三	未	初三	○九
辛	申	正一	一二	申	正初	○四	申	初三	○五
戌	酉	正二	一一	酉	正一	○八	酉	正一	○二
乾	戌	正一	一一	戌	正一	○○	戌	正初	一一
亥	亥	初二	一三	亥	初二	○六	亥	初二	○四
壬	亥	正二	一四	亥	正二	一○	亥	正二	○八

右表係依徽州府城北極出地高度推得各節氣中日太陽到方時刻。如夏至節作午方。宜用午初三刻十一分至午正初刻四分。皆爲太陽到午方。若作丁方。宜用午正初刻四分至午正初刻十二分。皆爲日太陽到丁方。餘倣此。

清同治三年甲子宿鈐表

甲子後用此尺每年退五十二秒至民國十三年甲子共退五十二分

宮＼度	初度	一	二	三	四	五	六	七	八	九	十	十一	十二	十三	十四	十五	十六	十七	十八	十九	二十	廿一	廿二	廿三	廿四	廿五	廿六	廿七	廿八	廿九	度＼宮
丑	箕初37'	一							八	斗初41'	一																			廿	丑
子	斗廿一41'		廿三	牛初47'	一					六	女初7'	一										十一	虛初26'							七	子
亥	虛八26'	九	危初28'	一																		十九	室初23'							七	亥
戌	室八23'	九						十五	壁初43'	一											十二	奎初26'	一							八	戌
酉	奎九26		十一	婁初55	一											十二	胃初57'	一										十一	昴初27'	一	酉
申	昴二27'						八	畢初24'	一													十四	觜初11'	參初12'	一					六	申
未	參七12'			十	井初35'	一																								廿五	未
午	井廿六35			廿九	鬼初8	一			四	柳初34'	一															十六	星初35	一		三	午
巳	星四35			七	張初9	一																								七	巳
辰	翼八6								十六	軫初34	一																			七	辰
卯	角八1'		十	亢初22	一									十	氐初46'	一														十五	卯
寅	氐十六46	十七	房初55	一		三	心初7	一							八	尾初48	一													十四	寅

年盤太歲臨方檢查表

年庚	上元一運	中元四運	下元七運	年庚	上元二運	中元五運	下元八運	年庚	上元三運	中元六運	下元九運
甲子	中	坤	艮	甲申	艮	中	[坤]	甲辰	震	離	乾
乙丑	巽	坎	兌	乙酉	中	坤	艮	乙巳	[巽]	坎	兌
丙寅	中	坤	[艮]	丙戌	中	坤	艮	丙午	坎	兌	巽
丁卯	坎	兌	巽	丁亥	[乾]	震	離	丁未	巽	坎	兌
戊辰	震	離	乾	戊子	坤	艮	中	戊申	中	[坤]	艮
己巳	[巽]	坎	兌	己丑	坎	兌	巽	己酉	坤	艮	中
庚午	坎	兌	巽	庚寅	坤	[艮]	中	庚戌	坤	艮	中
辛未	巽	坎	兌	辛卯	兌	巽	坎	辛亥	震	離	[乾]
壬申	中	[坤]	艮	壬辰	離	乾	震	壬子	艮	中	坤
癸酉	坤	艮	中	癸巳	坎	兌	[巽]	癸丑	兌	巽	坎
甲戌	坤	艮	中	甲午	兌	巽	坎	甲寅	[艮]	中	坤
乙亥	震	離	[乾]	乙未	坎	兌	巽	乙卯	巽	坎	兌
丙子	艮	中	坤	丙申	[坤]	艮	中	丙辰	乾	震	離
丁丑	兌	巽	坎	丁酉	艮	中	坤	丁巳	兌	[巽]	坎
戊寅	[艮]	中	坤	戊戌	艮	中	坤	戊午	巽	坎	兌
己卯	巽	坎	兌	己亥	離	[乾]	震	己未	兌	巽	坎
庚辰	乾	震	離	庚子	中	坤	艮	庚申	艮	中	[坤]
辛巳	兌	[巽]	坎	辛丑	巽	坎	兌	辛酉	中	坤	艮
壬午	巽	坎	兌	壬寅	中	坤	[艮]	壬戌	中	坤	艮
癸未	兌	巽	坎	癸卯	坎	兌	巽	癸亥	[乾]	震	離

附註　年盤太歲加臨於地盤太歲之上者特於字外加方格以資識別

地盤太歲

子年在子方。丑年在丑方。寅年在寅方。推之亥年在亥方。

太歲為一年主宰。掌一年吉凶。宜坐不宜向。避之為吉。犯則禍大且久。如子年立子山午向。即為坐太歲午山子向。即為向太歲。修子方。即為動太歲。能不坐不向不動最佳。否則坐之動之。須看年月有吉神方可。語云若要貴修太歲。其中蓋有玄妙。切勿輕犯。

年盤太歲附檢查表

子年屬一白。丑年寅年均屬八白。卯年屬三碧。辰年巳年均屬四綠。午年屬九紫。推之戌年亥年均屬六白。

例如上元甲子年。一白入中宮。即年盤太歲在中宮。乙丑年九紫入中宮。八白加臨巽宮。即年盤太歲在巽宮。丙寅年八白入中宮。又年盤太歲在中宮。三元九運一百八十年。逐年年盤太歲加臨之宮。均列檢查表內。一查便得。凡墓宅山向中宮以及八國飛星。為吉為凶。為福為禍。一遇年盤太歲加臨其上之年。無不應驗。

七煞

子年在午方。丑年在未方。寅年在申方。推之亥年在巳方。

七煞即歲破。切不可犯。否則須看年月有太陽及貴人祿馬等吉神飛到方可。不然則凶禍立見。

年三煞

申子辰年水局。在巳午未。寅午戌年火局。在亥子丑。亥卯未年木局。在申酉戌。巳酉丑年金局。在寅卯辰。

年煞宜向不宜坐。如子年立巳午未三山。即爲坐煞。立丙丁二山。即爲夾煞。立亥壬子癸丑五山。即爲向煞。修巳丙午丁未五山。即爲犯煞。雖有吉神臨方。不能化解。不得已向之無妨。然須有吉神到向方可。

月三煞

正五九月煞在亥子丑。二六十月煞在申酉戌。三七十一月煞在巳午未。四八十二月煞在寅卯辰。月煞按月遷移。宜向不宜坐。犯則凶禍立見。遲則一月。速則旬日。如正月立亥子丑三山爲坐煞。立壬癸二山爲夾煞。立巳丙午丁未五山爲向煞。修亥子丑方爲動煞。均凶。不得已向之。須有吉神到向方可。

暗建煞

例如中元四運甲子年。四綠入中。值年太歲一白到坤。坤爲二黑。是年每月調遞太歲所臨之二黑。卽名暗建煞。如正月八白入中。暗建二黑在艮。二月七赤入中。暗建二黑在離。每月退一位。乙丑年三碧入中。值年太歲八白到坎。則以每月調遞之一白爲暗建煞。餘類推。暗建加臨之宮。切忌修造。犯則凶禍立見。

五黃煞

五黃爲大煞。其性至猛烈。凡年月日時紫白。遇五黃坐中宮。或臨山臨向。切忌修造。犯則凶禍立見。甚至連傷五人。此單指年月日時之五黃言。若墓宅挨星飛星之五黃。又以生旺衰死判斷吉凶。不可悞認。

力士

力士每年臨乾坤艮巽之方。如遇五黃加臨。修造此方。必主凶禍橫死。
見姜垚從師隨筆。

貴登天門大吉時

經云。年之善不如月之善。月之善不如日之善。日之善不如時之善。貴人登天門。乃時之最善者也。其法以月將加用時。晝用陽貴。夜用陰貴。以天乙貴人爲主。而螣蛇、朱雀、六合、勾陳、青龍、天空、白虎、太常、玄武、太陰、天后隨之。故貴人臨乾亥登天門。則螣蛇臨壬子而落水。朱雀臨癸丑而鎩羽。六合臨艮寅而乘軒。勾陳臨甲卯而登陛。青龍臨乙辰而游海。天空臨巽巳而投匭。白虎臨丙午而燒身。太常臨丁未而登筵。玄武臨坤申而折足。太陰臨庚酉而回宮。天后臨辛戌而入帷。六吉將得地而六凶將斂威。故曰神藏煞沒。又爲六神悉伏。此擇時之妙用也。茲總括壬遁七百二十課登天門時。列表於左。

中氣	雨水		春分		穀雨		小滿		夏至		大暑		處暑		秋分		霜降		小雪		冬至		大寒	
月將	亥		戌		酉		申		未		午		巳		辰		卯		寅		丑		子	
陰陽	旦	夕	旦	夕	旦	夕	旦	夕	旦	夕	旦	夕	旦	夕	旦	夕	旦	夕	旦	夕	旦	夕	旦	夕
日干 甲	卯	酉											酉		申	寅	未	丑	午	子	巳	亥	辰	戌
乙		戌		酉					戌		酉		申		未	卯	午	寅	巳	丑	辰	子	卯	亥
丙		亥		戌			戌		酉		申		未		午		巳	卯	辰	寅		丑		子
丁		丑		子	酉	亥	申	戌	未		午		巳		辰		卯					卯		寅
戊	酉	卯	申	寅	未	丑	午	子	巳	亥	辰	戌	卯	酉										
己		寅	酉	丑	申	子	未	亥	午	戌	巳		辰		卯							辰		卯
庚	酉	卯	申	寅	未	丑	午	子	巳	亥	辰	戌	卯	酉										
辛	申		未	卯	午	寅	巳	丑	辰	子	卯	亥		戌		酉								
壬	未		午		巳		辰	寅	卯	丑	寅	子		亥		戌		酉		申			申	
癸	巳		辰		卯		寅					寅		丑		子	酉	亥	申	戌	未	酉	午	申

假如雨水後甲日擇時。卯時爲陽貴人登天門。酉時爲陰貴人登天門。又乙日擇時。戌時陰貴人登天門。又如春分後戊日擇時。申時陽貴人登天門。寅時陰貴人登天門。餘類推。一日只有一時。然貴人須分陰陽而卯酉申戌四時。兼占晝夜。故一日有兩時者。又有日不得陽。夕不得陰。一日不得一時者。凡用陰貴人。宜在日入後日出前之時。用陽貴人。宜在日出後日入前之時。斯爲得時。

跋

福善禍淫理之常也善未必即福淫未必即禍甚至莽操而王夷齊而餓慶封而富原憲而貧淫轉得福善轉得禍斯則理無權而數有權數之大者關乎邦國蒼生而小者乃在個人居宅祖墓其道本於河洛其術闡於廖楊自異說爭鳴眞傳幾泯賴蔣杜陵崛起沈江諸君子繼與吾友髯翁復精心研究一一筆之於書以公於世明哲之士手此一篇不亦可爲挽回世運之一助乎然則是書實仁孝之津梁禍福之樞機其可傳也復何疑是爲跋

中華民國第一丙子仲秋董晉壁謹識

書查靜波事

沈祖緜

婺源有士曰查國珍。因江易園先生介。以所撰堪輿小識。問序於余。自言甚親而嫻九宮之術。今讀其言。立說純粹。非術士撫僞說以炫人者比。於是敬其爲人。旋示先子周易易解校勘記。知國珍淹博經學。不獨以方技鳴世而已。今復具尊人靜波君事略。屬爲傳。余以君之孝友。已載縣志。可毋述。婺源舊屬徽州。人精製墨。以君家爲最。太平軍興。舊業悉墮。年十五。隨父之江西瑞金縣森山墨店習業。艱難數載。卒恢前緒。且擴充於粵之佛山。閩之汀州。凡君所製者。價廉式樸。質純色黯。油不黏毫。煙不化紙。國珍嘗以君手澤貽余。故知之深。求之市肆。值倍蓰而不若也。於是查森山之墨。士林稱美。且其和膠之法。列於墨端。得以明辨。非若徒以裝潢欺人。不求實事者所能比擬也。嘗讀文淵閣著錄文房四譜、墨譜、墨經、墨史、墨法集要諸書。知君所製。法式悉符。非深知大藝者。所不能爲也。尚矣哉。禮曰。觀其器而知其工之巧。觀其發而知其人之知。今由製造之品。模式端正。即可徵君之孝友。然則古人之言足爲後世典範。蓋有若此者。而求之於今。乃一不遇焉。噫。其亦可以觀世變矣。

先父文裕海公墓（在本里黃仙坑小麻唐）午山子向　四運扦

元運挨星圖

午山

七一三	三五八	五三一
六二二	八九四	一七六
二六七	四四九	九八五

子向

葬課

造命

辛未土

乙未金

辛卯木

辛卯木

比較卦爻納音分金表

卯正三刻十分登位分金安墓門

卯時陽貴登天門

(一)

龍穴砂水　龍從坎方起望盈尖作太祖。分落過𧡤頭凹。南行數里。護帶重重。復起龍凹尖爲少祖。至　尖出乾脉。降落。經艮震兩宮。蟣蜒低伏。脫盡粗頑之氣。行度一派金水。甲卯方跌斷過峽。峽低且短。子脉。峽後起頂畧高聳。具見精神力量。行度轉艮宇。由頂橫落轉巽字。爲經四位之天元龍。穴山抬頭開面。脉息閃右。作午山子向。面前唇氈托起。內堂朝山。爲來龍一字文星。外朝爲金子尖望盈尖並馳天馬。有昻首橫空之勢。喝形廻龍顧祖。分金正對金子尖天馬高頂。端整開面。乂爲正朝。艮震兩宮。秀峰御屛羅列於外。坤兌兩宮。護砂重重包裹向內。坐山後鬼纏護。宛如屛障。不嫌坐空。惟甲卯方過峽。跌大深凹。驟視似嫌缺陷。幸位居東方。有外山稱貼掩映。且乙辰方帳角高聳。帳脚護穴。穴坐帳中。並不受風。可以不忌。穴內土色。分層變化。極爲明顯。上層山皮。爲朱黃泥土。純淨不含一石。深二尺。餘二層爲檀黃色土。內含小粒。斷之作黃金色。亦絕無一石子。深約一尺五寸。三層爲白石壁子。即石英石。鋪於實土之上。羅列極爲密緻。大者如拳。小者與蓮實等大。約二一寸厚。四層爲結實檀土。穴前兩旁稍高。穴內反稍低平。低平實土。密蓋石子。高土無之。低土黃潤而堅。築之粉碎。黃金卽安於此土中。此龍穴砂水之大略也。

(一)玄空理氣　中元甲子四運午山子向挨星。坎兌巽三宮。正合一四七之三般卦。爲坎宮打刧。卽能刧其未來之氣爲本運用也。沈竹礽師又謂離宮打刧爲眞。坎宮打刧爲假。似又難刧未來之氣以爲用。然有双四旺星到向。向上比和。有水有山。主旺丁財。坐山之三。雖爲出運衰氣。而五又爲本運生氣。坐後山勢平和。有彎溝水繞過。虛實各得其宜。則衰氣失勢。不能爲害。生氣得地。反主財祿。兌宮七到巳犯伏吟。幸兌方山勢低平。砂外有彎溝繞過。空而不實。該無碍。坤宮挨星是一。巽宮是三。坎宮是九。艮宮是七。均爲陰星。逆飛當旺。故此四宮之峰爲吉峰。水爲吉水。借水環繞外堂。穴上不見。財氣發動。不免稍遲。五運丁財均旺。六運應發貴。七八運平。九運向星入囚。財丁失利。宜於七運初年。擇吉修理。將墓門墓碑依原向重安。否則七運

二

難免傷丁且損小口。此玄空理氣之大畧也。

(一)定向分金　分金坐先天乾之內爻六。向坤之內爻二。四運後天飛星山上爲五三。五在四運爲巽氣。作四論。配益卦。向上双四。配巽卦。先後天卦爻比較。無反伏吟之嫌。在六十甲子。坐山爲壬午。納音木。向首爲丙子。納音水。山上飛星五二。係巽震木。向上飛星双四。係巽木。亦無所謂剋煞也。坐度係遵北平七政四餘通書刊行羅經新宿度。坐柳土獐六度。向女土蝠五度。較之未更正羅盤宿度。約差二度。本諸深則論宮。淺則論度之義。本山向坐午宮屬日。向子宮屬土。與宿度無甚關係。此定向分金之大畧也。

(一)葬課造命　課命選辛未年乙未月辛卯日辛卯時。即民國二十年大暑後第十一日卯時。年太陽入午宮歸垣。躔十二度。作入宮深論。卯時爲陽貴登天門時。吉將得位。凶煞斂威。所謂神藏煞沒時也。本局入首巽脉。巽正納辛。支中兩未兩卯。未合午山。卯生午火。均合補龍扶山妙用。太陽午將。以天盤午加地盤卯上。從地盤卯順數至酉。

酉上正當天盤之子。故葬命安於子宮十二度屬土。卯時日。太陽躔卯宮十二度。關照山向葬命最吉。再將年月日時紫白挨排於次。以資參究此葬課造命之大畧也。

年	三八七	月	五一九	日	六一二	時	九四五
紫	一六二	紫	三八四	紫	八三七	紫	二六一
白	五四九	白	七六二	白	四五九	白	七八三

先母詹孺人墓(在盧源叔路口石橋頭三腳金星頂)卯山酉向 墓門石碑甲山庚向 四運扦

卯酉挨星圖

五一三	一六八	三八一
四九二 (卯山)	六二四	八四六 (酉向)
九五七	二七九	七三五

比較卦爻納音分金表

三

甲庚挨星圖

	三七 三	七二 八	五九 一	
甲山	四八 二	二六 四	九四 六	庚向
	八三 七	六一 九	一五 五	

葬課造命

辛未土
辛卯木
辛未土
辛卯木

卯初一刻定向分金安墓門

比較卦爻納音分金表

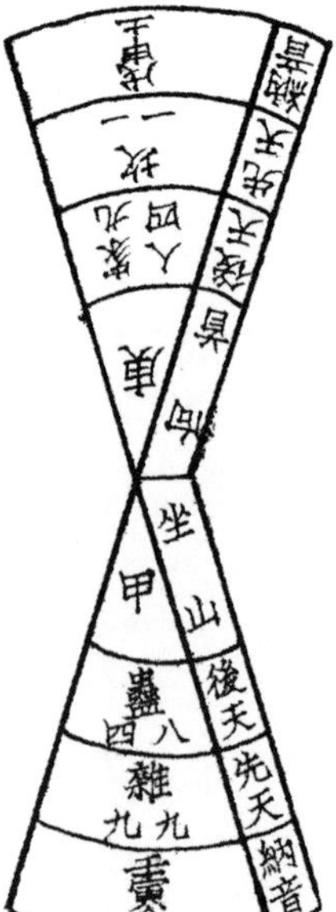

(一)龍穴砂水　民國二十年驚蟄後第十一日。由本里后塢山腳。遷葬先母詹孺人於此。查本墳來龍星體行度之佳。先師董德彰有地記

傳世。毋庸贅述。雖大地關乎氣數。不敢妄求。而本龍正脉。實貫注於雙河會合之諸山。大地之旁。多結財丁貴之佳穴。葬親者勿忽視焉。本龍氣脉由艮轉卯轉巽爲經四位之天元龍。穴山爲三脚金星。蓋頂并穴卯山酉向。喝形架上金盆。廬衍兩源河水至穴前會合坤方出口。經向山背後之玄而去。乾坤艮三方。均有高峰聳秀。朝山開面低伏。左右砂擁拱有情。雖未送至穴旁夾抱。正如大龍直奔而前。侍從不及趕到也。況有兩河拱抱會合穴前。河口石骨橫攔。城門周密華表捍門。坤方廟山尖堂氣雖寬實集。穴土極爲結實。分層包裹五色相間。儼如橫斷樹木年輪。金井鑿於輪心。尤結實處土更黃潤。紅者鮮如鷄血。築之亦易粉碎。用閉口法下葬。此龍穴砂水之大略也。

(一) 玄空理氣　中元甲子四運卯山酉向挨星。山上令星四到向。向上令星四到山。犯上山下水。本爲傷丁退財之局。幸中宮向首四六合十。坐後山勢和平。無凶惡之煞氣。向首水外有山。是以山上龍神雖犯下水。仍復在山。人丁可保無虞。初年決難添丁。墓門石牌。均立甲

四

山庚向。用作補救。四運甲山庚向挨星。令星到山到向。山向兩旺。天盤運盤。全局合十。乃爲財丁大旺之局。足以補救卯酉之凶。查卯酉挨星。巽宮之五。爲本運水裡龍神生氣。甲庚挨星。乾宮之五亦爲本運水裡龍神生氣。乾巽兩宮。有大河環抱而來。至穴前交合。財氣當有起色。待至甲申（民國三十三年）交五運後。選擇太陽到山到向時節。並通利年吉課。將墓門石碑改安卯酉正向。則四運卦氣。一變而爲五運卦氣。旺星到山到向。五運二十年中。丁財大旺。可操左券。六運財更旺。兼發貴。七運向星入囚。（兌方有水囚不住）財氣平。八運財丁又旺。九運丁旺。本運生人。屬牛屬虎者貴。此玄空理氣之大略也。

（一）定向分金　（甲）丙向　穴內黃金。坐先天同人卦之九。向師卦之一。四運後天飛星。山上爲四九。配家人卦。向首爲八四。配蠱卦。先後天卦爻比較。無反伏吟之嫌。在六十甲子。坐山爲辛卯木。向首爲丁酉火。山上飛星四九。係巽木離火。向上飛星八四。係艮土巽木。山上辛卯木去生九火。而有四木和之。向上丁酉火去生八土。而有四木生之。正所以損有餘補不足也。坐度係遵沈竹礽師更正蔣盤。坐氐貉土二度。向婁金狗十四度。

(乙)外局　墓門墓碑。坐先天離卦之內爻九。向坎卦之內爻一。四運後天甲山庚向。山上爲八四。向首爲四九。先後天卦爻比較不犯反伏吟。在六十甲子。坐壬寅金。向戊申土。金剋四木爲洩而八生金。四木剋土爲煞。而九火生土。土生剋各有制化。在周天度數坐氐貉土十二度。向胃土雉十度。此定向分金之大略也。

(一)

葬課造命　課命爲辛未年辛卯月辛未日辛卯時。即民國二十年驚蟄後十一日卯時。年太陽躔亥宮二十五度。即室火豬三度(沈竹礽師盤)太陽亥將。以天盤亥加地盤卯上。順數至地盤酉。正當天盤之巳。逢酉安命。故葬命安於巳宮翼火蛇二度。巳宮屬水。葬命理應屬水。然太陽巳躔亥宮二十五度。距出宮只差五度。應作入宮淺論。不屬宮而屬度。故葬命屬火。天盤日太陽臨卯山守照。太陰臨未宮歸垣。三合拱山。日月臨卯未二宮輔命。天干四辛爲天元一氣。蔣大公造命歌云一氣堆干爲第一。本墳巽氣入首。巽納辛金。正堪補龍。支中兩未兩卯。合成木局。於甲卯山更宜。再將年月日時紫白挨排於次。以資參究。此葬課造命之大略也。

年	三八七	月	一六五	日	八四三	時	七三二
紫	一六二	紫	八四九	紫	六二七	紫	五一六
白	五四九	白	三二七	白	一九五	白	九八四

題漢鏡齋堪輿小識暨先德傳贊合編後

方新

宇宙有天則、象數若可捫。先天地而生、隨方位而存。
細至盡毫末、大乃彌蒼穹。鉅細悉由之、順吉逆則凶。
其為物伊何、奇哉是玄空。苞符見河洛、圖書呈龜龍。
因而則效之、為八卦九宮。作之者聖人、由之者顓蒙。
日用而不知、噩噩兮渾渾。孰為闡精蘊、蕭江弄丸公。
精至道惟微、蘊乃無不容。開物成萬務、靡一不貫通。
古今一奇書、比擬誰與倫。涉及堪輿事、語據葉九翁。
千慮此一失、時哉待折衷。今考地理書、郭璞楊筠松。

青囊天玉經、理氣有正宗。久而失真傳、諸說徒紛紛。
何人為辨正、曰有蔣大鴻。誤解泄天機、隱秘在枕中。
密以相授受、其徒章與溫。天心正運篇、稍稍破蔀豐。
終未盡顯露、仍復迷朝昏。崛起錢塘沈、妙悟本天聰。
治易得奧旨、一語開鴻濛。原來大氣化、三十六宮春。
周流動不居、參伍而錯綜。入中立極者、主轉此大輪。
大小三元運、各有九星尊。能為灾福柄、能移造化功。
世事治與亂、時日春而冬。生人有住宅、死者歸邱封。
靡不受感應、如律協黃鐘。偉哉透闢論、刮目開心胸

漢鏡齋堪輿小識暨先德傳贊合編題詩 二

紙筆所書寫，纂之自筭農。吾黨玉髯子、數理夙專攻。
親聞玆竅妙、昕夕加研礱。推演各義例、覆驗頻西東。
一一作圖表、証以前人踪。彙輯成一編、理事兩圓融。
就正諸有道、嫡系沈師門。贊比張蟠易、採蕙而釀醇。
何旻解毋我、此義參玄同。乃公諸同好、以定宅安墳。
取順此理法、免為灾戾叢。仁人孝子心、所願在時雍。
附卷著先德、以誌父母恩。表彰諸傳贊、永言孝思隆。
两地謹奉安、詳審載所遵。以明将大事、毋敢不敬恭。
豈獨傳家寶、為世大小珙。勿詡是迷信、迷信何足論。

此信乃天則、原諸義與文。周孔其知之、難可語凡庸。
顧天且不違、人何敢弗循。如有違之者、禍必及其躬。
雖死為朽骨、猶且逮子孫。此理誠太奇、莫或究始終。
凡情所不解、輒謂鑿崆峒。要之實有之、言語之道窮。
子貢最善言、謂不可得聞。此一即一切、端倪見乾坤。
源出華嚴海、豈止導崑崙。我為告讀者、一切知違從。

民國二十四年十月出版
中華民國二十五年十月再版
漢鏡齋堪輿小識二冊
除以二百部分贈各省人士外
每部實價國幣弍圓正外埠郵寄費加一
附贈家先父母像贊傳誌合冊

著述者　婺源查國珍
鑒定者　杭縣沈瓞民
校勘者　績溪周道謀
發行處婺源北鄉鳳山詒德堂查景仁
寄售處皖南屯溪鎮科學書館
以上二處均直接通郵

附告

鄙著天玉經臆解近已全部脫稿自覺獨得經旨之處甚多擬俟請沈

跋民前輩鑒定後再付印問世欲訂購者希先惠片通知以便預定部數付印明歲印行時再發預約通知繳價暫不收款

小識勘誤

第幾頁	第幾行	第幾字	誤	正
二頁	十一行	九字	地	元
二頁	廿二行		坤山艮向	丑山未向
四頁	一行	三字	安字下	添一在字
五頁	十二行	十八字	衣	依
十三頁	三行	二字	接	按
十三頁	廿一行	十三字	里	星
十九頁	廿八行	廿字	人	八
廿一頁	三行	十一字	神	坤

附錄勘誤

一頁	廿行	十二字	提字下	添一秋字
二頁	廿二行	廿五字	金	宮
八頁	二行	廿七字	士	七
九頁	一行	十一字	戍	戌
十三頁	廿四行	二字	惟	如

像贊傳誌合冊勘誤

七頁	九行	十及十一字顛倒		
十頁	廿二行	九字是分字		
十四頁	六行	十二字下脫貧字		